苦水中泡大

拼搏中进取

从业中守正

百炼中成才

谨以此书献给我的家人和朋友

甲子往事

许会斌 著

社会科学文献出版社
SOCIAL SCIENCES ACADEMIC PRESS (CHINA)

许会斌

山西芮城人，高级经济师，经济学学士，享受国务院政府特殊津贴专家，1978年考入东北财经大学（原辽宁财经学院），1983年入职建设银行。特华博士后科研工作站博士后合作导师，中央财经大学会计学院研究生客座导师。

先后担任中国人民建设银行筹资储蓄部副主任，中国建设银行零售业务部副总经理、个人银行业务部副总经理、营业部总经理、个人银行业务部总经理、个人金融部总经理、个人银行业务委员会副主任，中国建设银行河南省分行行长、党委书记，中国建设银行批发业务总监（总行高管）、公司机构业务委员会副主任，建信基金管理有限责任公司董事长、党委书记等。

曾兼职北京大学儒商研究中心研究员、河南财经政法大学兼职教授、哈尔滨投资高等专科学校客座教授、中国银联董事、中国投资学会常务理事、河南省投资学会会长、《当代金融家》杂志社专栏作者等。

独著《商业银行要义》《感悟：银行经营管理之道》《说商道帮》《说行道长》；主编《当代储蓄理论与实践》、《商业银行个人业务丛书》（全九册）、中国建设银行《个人客户经理培训教材》（200万字）；参编（主任委员）中国建设银行岗位资格培训教材《对公信贷业务》、《中国当代企业投资指南》（副主编）、《中国金融实务大全》、《商业银行基本知识》等；在报刊杂志上发表学术文章200余篇。

初中毕业时全班同学合影（后排右二为作者）

南中新三十八班毕业留念 1976年12月17日

高中毕业时全班同学合影（第四排右五为作者）

1983年大学毕业时全班同学合影（第二排右一为作者）

高中同学张亚云与其夫人刘朝霞

1986 年 9 月，旅游结婚回老家时拍摄的全家福（后排右二为作者）

父亲许登高和母亲唐缩子

与大哥许玉斌（中）、二哥许效斌（左）在一起

1991 年 6 月，一家三口与姑母许竹青、姑父杨志伟在一起

2007 年，与父亲、外甥女南凤英及两个侄子在老家相聚

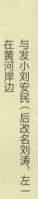

与发小刘安民（后改名刘涛，左一）在黄河岸边

二姐全家福（前排中间为二姐许学敏、二姐夫张闯，后排右一为大外甥张卫中）

2015 年 9 月，与爱人赵启莲、孙女许常宜在山西大槐树下

自　序

　　这是一部记录我从孩提时代到退休为止的生活和工作的重要往事传记。"蹉跎岁月似梦烟，人生六十弹指间。"这是我在退休欢送会上的一句感慨之言。六十年不知不觉过去了，闲暇之余，我静静思考了自己六十年来艰苦拼搏的生活和工作的轨迹：生在"跃进"年代，长在"困难时期"，苦在"上山下乡"末尾，忙在改革开放之后。回顾六十年的历程，有欢乐、有幸福、有进步、有辉煌，但更有苦难、有艰辛、有奋斗、有拼搏，可谓苦难与辉煌并存！

　　为什么要写《甲子往事》？缘由如下。

　　第一，六十年来，我们国家从百废待兴的新中国成立初期到中国特色社会主义新时代，国之实力发生了翻天覆地的变化，每一个变化都令人浮想联翩。打我记事起，经历了"吃不饱，穿不暖"、"三年经济困难"、"四清"运动、

"以阶级斗争为纲"、十年"文化大革命"。社会物资匮乏，凭票供应，穿戴"老三色"（蓝色、黑色和草绿色），富家"老三件"（自行车、缝纫机、手表）。"一大二公"（人民公社的两个特点）的计划经济体制，越来越束缚生产力的发展和阻滞社会的进步。1978年，党的十一届三中全会拉开了改革开放的大幕，百业待兴，国家迎来了新的曙光，中国人民从"站起来"逐步走向"富起来"。特别是党的十八大以来，在习近平新时代中国特色社会主义思想的指引下，中国在政治、经济、科技、文化、国防、军事、外交等各个领域有了更多更大的话语权，巍然屹立在世界东方。我们正是跟随着祖国前进的脚步，走到了今天这样的小康社会，我要用自己的切身经历和体会，真实反映这六十年的大变迁。

第二，六十年来，我从艰难困苦、发奋拼搏中一路走来，每一步都刻骨铭心。无论是在学龄前的缺衣少食，还是上学后十几年的艰辛生活；无论是在煤油灯下的孜孜不倦，还是在高等学府的不懈努力；无论是在乡镇土地上的摸爬滚打，还是在国家机关里对职业的探索追求，我始终脚踏实地，一步一个脚印地去书写火热的人生。坚持党叫干啥就干啥、祖国的需要就是我的追求。从业以来，历经综合、零售、批发、市场四大条业务线，历经科长、处长、部门总经理、省分行行长兼党委书记、总行批发业务总监（高管）、合资公司董事长兼党委书记等各种岗位和角色的转换。每走一段、每换一岗，都倾注和付出了我大量的心血与汗水，都留下了我坚忍不拔、勤学苦钻的身影。为了分享工作中的经验教训，把这些感悟传承下去，我进行了精心总结，以期对后辈成长有所帮助。

第三，六十年来，新中国的银行业从从小到大、从内到外、从弱到强，每一步发展都推动了经济社会的前进。作为恢复高考第二年、全国统考第一年的大学生，我乘着改革开放、百业勃兴的东风，在意气风发、充满理想情怀的年代，如饥似渴地读完大学，有幸进入国家机关——中国人民建设银行总行（建设银行原来的称谓），见证了中国经济、金融改革开放以来许多重要的历史时刻，更亲历了建设银行从财政、银行双重职能到专业银行职能，从专业银行职能到商业银行职能，从商业银行职能到股份制银行、上市银行、综合性银行职能转变的全过程。这一路走来，银行的服务理念、服务渠道、服务方式、服务领域、服务手段等都发生了脱胎换骨般的变化，取得了可喜的巨大成绩，并走在国际国内同业的前列。为了将这些大变革完整地记录下来，并发扬光大，我仔细回忆并认真梳理了建设银行这几十年来不平凡的发展壮大的历程。

第四，六十年来，身边的许多亲友、同事，对我的厚爱、支持和默默奉献，每一次想起都令我久久不能自已。大学期间，我突遭大病，经历了两次大手术，许多同学伸出了援助之手，点滴关爱暖人心。王立国、卫章荣、王占全、李东阳、苗天祥等同学，牺牲了自己的学习时间，帮我联系住院事宜，又经常到医院看望我，嘘寒问暖。庄心一同学，作为班里的生活委员，在我休学养病回老家期间，不辞辛苦，不怕麻烦，坚持将助学金及时从学校寄送给我，每次都令我大为感动。大哥许玉斌更是不远千里来到大连，一直在身旁照顾我。在我休学养病那段最无助的日子，也是家里最困难的时候，父母省吃俭用，借钱买羊宰鸡，给我补充营养，千方百计助我康复。在这些亲友和同学的精心照顾下，我重新鼓起了生活的勇气和力量。在我任总行领导秘书的三年半时间内，周汉荣副行长的睿智处事、扎实作风、业务素养，特别是一心为公的高尚情操，潜移默化地鼓励和影响着我。在我担任部门副职期间，辛树森同志作为部门总经理，既是领导又似大姐般地关心和支持我，堪称我的良师益友，她身上的许多优秀的品质一直影响着我。特别无法忘记的是，在我工作最紧张、最繁忙的时段（我在行长值班室当秘书期间），儿子刚刚出生，多亏我的母亲帮我照顾孩子，使我渡过了生活的最大难关。还有妻子赵启莲，作为我的后勤保障，37年来不离不弃，默默付出，我之所以能够全身心地投入工作，主要是她帮我解除了后顾之忧，就像一首歌中所唱的："军功章啊，有我的一半，也有你的一半。"我将与他们一起生活、工作的点滴往事收录书中，这些人和事是我人生的重要组成部分，也是最温情的记忆。

基于上述原因，我几经思考和梳理，拟就了最难忘却的回忆录——《甲子往事》。其内容主要包括以下十个方面。第一篇，苦难而天真的儿时。重点记述了我在童年和少年时代的家庭困境、社会环境和生活习性。第二篇，艰辛而发奋的中学时光。重点记述了我在艰辛的生活条件下刻苦学习的往事。第三篇，高考使我掉了15斤肉。重点记述了国家恢复高考后，我这一代人像脱缰的野马，与时间赛跑，如饥似渴地汲取知识的过程。第四篇，难中拼搏的大学生活。重点记述了我不幸染病休学，康复之后，更加珍惜生命和来之不易的学习时光的励志故事。第五篇，我做秘书的日子。重点记述了我两度做秘书的火热、紧张的生活和切身体会。第六篇，亲历建设银行36年大变局。比较详细地记述了我从大学毕业到退休，36年来在银行工作所经历的巨大变化，包括改革开放以来中央对建设银行在不同时期的职能定位、催生建设银行发生的巨变、我在不同岗位的亲身经历和成长故事。第七篇，职业生涯启示录。比较系统地总结了我从事银行职业以来的酸甜苦辣和为人处世之道，特别是在经营管理方面的一些感悟。第八篇，难忘的"第一次"。重点描述了我勤奋求索与职业生涯相关的重要往事，特别是在著书立说、受邀参加国际国内论坛、接受新闻媒体访谈、受聘客座导师等职场上的第一次的感受。第九篇，节俭朴素伴我前行。重点记述了我亲历的节俭度日、朴素前行的多件小事，以期唤起同龄人共同的时代记忆。第十篇，与父母在一起的日子。这是本书最重要的内容之一，记述了父母的一言一行、一举一动对我的深刻影响。尽管与父母在一起生活的时间很短，父母也没有给我留下只砖片瓦，但父母给予我的精神财富影响了我的一生。

如何才能写好本书？我思量了很久很久，既不想沿用过去的一些套路，把它写成流水账，又不想把它写成松软的"豆腐块"。考虑再三，还是结合我六十年来生活和工作的实际，采用"五个相结合"的方式，完整、系统、有重点地做一描述。一是叙事与议论相结合。在撰写《甲子往事》时，我突破了传统记叙文平铺直叙写作的特点，只对每个重点故事、重点环节、重点人物、重点细节进行了重点描述。比如，在"我做秘书的日子"、"难忘的'第一次'"和"与父母在一起的日子"等篇中，注意描述最难忘的事件，同时又进行必要的议论和感情抒发，以期给读者留下思考和启示。二是谈生活与讲职业生涯发展相结合。本书是一部生活工作的纪实性故事集，同时又是以我职业生涯为主的回忆录。在描写曾经的学习、生活环境时，坚持实事求是的态度；在总结职业生涯发展时，又本着抓大放小的思路。虽然二者反映的情况和内容不同，但在思想性和目的性上趋同。三是抓重点与描述细节相结合。六十年来，我走过很多路、遇到过很多人，职业生涯中经历的岗位和从事的工作也很繁杂，哪些是主要的，哪些是次要的，哪些是对自己、对后人有重大影响力和有所借鉴的，对此，我采取了去粗取精、去伪存真的方法。同时，对一些重大情况和有影响的往事，在细节描述上能细则细。比如对儿时故乡的印象和个性表现、对中学和大学时代如何刻苦学习、对两度当秘书的工作情况和体会、对改革创新中的许多情节、对身边亲人节俭朴素生活的感悟和影响等，都描述得比较详细，目的在于给后人带来一点启示。四是叙往事与谈感悟相结合。在六十年的往事中，几乎各篇都不同程度地有所涉及，特别是在第五篇"我做秘书的日子"、第七篇"职业生涯启示录"。五是注意点与面相结合。主要体现在每一篇往事所记述的素材上，既是我本人的亲身实践，又反映了涉及的相关人物和团体；既描述了一个侧面或局部的情况和变化，又反映了整个体制和社会环境的大背景。比如第三篇"高考使我掉了15斤肉"、第六篇"亲历建设银行36年大变局"等，就是以小见大，揭示了整个系统、整个单位乃至整个社会的大变迁过程。

总之，六十年的往事，六十年的蹉跎岁月。苦水中泡大，拼搏中进取，从业中守正，百炼中成才。六十年，这是我的大半无悔人生！

许会斌

2023年4月于北京

目　录

第八篇　难忘的"第一次"

第九篇　节俭朴素伴我前行

人生就是一条无名的河，是深是浅都得过；人生就是一瓶无色的酒，是苦是甜都得喝；人生就是一条崎岖的路，是沟是壑都得搏；人生就是一首婉转的曲，是高是低都得歌；人生啊，如梦如梭，苦短蹉跎，转瞬即逝。

作为生在新社会、长在红旗下的我们这代人，正是演绎了这样一段艰苦拼搏的峥嵘岁月：生在"跃进"年代，长在"困难时期"，苦在"上山下乡"末尾，忙在改革开放之后。回顾自己的人生轨迹，有苦难、有艰辛、有奋斗、有辉煌，也有幸福，真可谓：苦难与希望同在，拼搏与辉煌并存！

第一篇 | **苦难而天真的儿时**

20 世纪 50 年代后期，我出生在中条山之南黄河岸畔的山西省芮城县东垆乡许八坡村。这里地处沟坡地带，交通不便，人口当时有 400 人左右。但是，这里在历史上有着人杰地灵、风景秀丽之美称。在许八坡村南头的黄河岸畔，矗立着一块石碑，上面这样记载：许八坡是芮城县的文明古村，历代人文荟萃，闻名遐迩。据史载，明朝的地

记录许八坡由来的石碑

舆学家许天官——许进，在视察黄河时发现魏豹城西杨家寨东有一椅子式茔地，茔地左右有两条沟涧，蜿蜒崎岖，逶迤南下，溪水潺潺，草木葱葱，仁山智水，钟灵毓秀，乃一块风水宝地，有帝王之相。许进即令其八儿子许论，从河南省灵宝县城"八和巷子"迁居此地，并命名为许八坡。可见这块风水宝地，是祖先文明的象征和荣耀。

然而，历经四百多年风雨的洗礼和社会变革，沟坡村的自然环境已经没有往日的"秀色可餐"，有的只是令人生畏的历史性大变迁：土地干涸、风沙很大、十年九旱、靠天吃饭。同时，黄河经常泛滥，沟坡和滩地的收成呈现广种薄收、自然生长的态势。在这块土地上，世代辛勤劳作的村民，就是过着这样面朝黄土背朝天的艰辛生活……

一 苦水中泡大的童年

出生在这么一个拥有厚重历史的沟坡村，面对着自然和时代的重大变迁，我为先民悠久的文明而自豪，也为现实的贫瘠和困境而煎熬。特别是在20世纪60年代初，国家正处在"三年经济困难时期"，作为生长在沟坡一带的我们，整天吃不饱、穿不暖，挣扎在极度贫困线上，这给我童年的心灵蒙上了一层厚厚的阴影！

在许八坡村，我的家族是望族，人丁兴旺，父辈的堂兄弟共有六大门，堂姐妹有5位，到我们这一辈更是叶繁枝茂，堂兄弟这一辈有 15 个，堂姐妹有 19 个。我家又是六大门中兄弟姐妹、子孙后代最旺者之一。

在 20 世纪 60 年代中后期，家人最多时达到 11 口，上

许守义、许守信家族辈分排序

一　代：曾祖父（名字不详）

二代排序：许守义(1)　许守信(2)

三代排序：

男：许登志(1)	许登云(2)	许登高(3)	许登科(4)	许观登(5)	许进登(6)
女：许百亮(1)	许剪绒(2)	许竹生(3)	许穆子(4)	许竹青(5)	

四代排序：

男：许毓斌(1)	许孝军(2)	许孝弟(3)	许武帝(4)	许孝民(5)	许武民(6)
许效斌(7)	许效前(8)	许乃弟(9)	许会斌(10)	许斌弟(11)	许武力(12)
许效贤(13)	许苟吝(14)	许军弟(15)			
女：许让子(1)	许让梨(2)	许梅子(3)	许项珠(4)	许漂梨(5)	许漂梅(6)
许蜜娥(7)	许梅师(8)	许美玲(9)	许漂娥(10)	许漂荣(11)	许会荣(12)
许变荣(13)	许孔珠(14)	许荣霞(15)	许婷娥(16)	许淑荣(17)	许争荣(18)
许孔荣(19)					

五代排序：

男：许顺利(1)	许格峰(2)	许亚波(3)	许　泽(4)	许胜利(5)	许　勇(6)
许锋波(7)	许　晖(8)	许　晓(9)	许　帅(10)	许芮平(11)	许　瑟(12)
许　宁(13)	许　芮(14)	许俊泽(15)	许　晨(16)	许　宽(17)	许晓雷(18)
女：许亚峰(1)	许红芳(2)	许赛红(3)	许亚妮(4)	许亚云(5)	许亚茹(6)
许国芳(7)	许淑红(8)	许　芬(9)	许芮丽(10)	许青芳(11)	许俊莉(12)
许晓红(13)	许煜英(14)	许　吒(15)	许　倩(16)	许盼红(17)	

六代排序：

男：许　璐(1)	许富强(2)	许必腾(3)	许仕轩(4)	许振卓(5)	许书浩(6)
许博轩(7)	许晋浩(8)				
女：许　聪(1)	许　颖(2)	许　娜(3)	许　可(4)	许亦桐(5)	许必莹(6)
许书童(7)	许　问(8)	许静萱(9)	许艺涵(10)	许　达(11)	许嘉怡(12)
许常宜(13)					

爷爷许守义、二爷爷许守信家族辈分排序

十五个堂兄弟合影（后排左起第四位为作者）

有爷爷、父母，下有兄弟姊妹5人，还有大嫂、侄儿、侄女3人。家里老的老、小的小，在那个凭挣工分吃饭的人民公社年代里，我家总是吃了上顿没下顿，日子过得极其艰难。尤其在"三年经济困难时期"，家里那时有9口人，村子里办的食堂，每天都是"稀多稠少"，凭票吃饭，限量供应，全家整天为吃喝奔波和发愁。那时作为家里年龄最小的我，只有两三岁，白天在食堂吃不饱，晚上饿得不行就独自一人，顶着月亮，到窑头上面的玉米地里，把刚长出来的嫩芽用小手拧下来啃。家里大人经常在晚上为找不到我而发急。

　　我的童年很悲惨。据父母说，小时候我的头上生出许多脓疮，为此专门到邻村请大夫治疗，也没能治好。夏天来临后，还惹来许多苍蝇，谁见了都觉得恶心和害怕，家里人也都很可怜我。尽管我是家里的"多头"，意思是家里孩子多，我是多余的（上有两个哥哥和一个姐姐），但我的爷爷喜欢孙子，就每天不停地往我头上吐唾沫，给我擦洗脓疮。他说唾沫能消毒，就这样日复一日，月复一月，半年后竟然把我头上的脓疮治好了。我记得从三四岁开始，我就和爷爷住在一个窑洞里，睡在一张炕上，平时他给我治头疮，早晚我为他倒尿盆，直到爷爷意外跌倒，于1969

爷爷许守义遗照

年冬天去世，七八年的时间里我一直守护在爷爷的身旁，爷爷救我一命，我伴爷爷度过晚年。

劳动，是穷人家孩子的本分，也养成了我吃苦耐劳的习惯。四五岁开始，我就与六叔家的许斌弟等小伙伴到沟坡地带或河滩里拾柴割草，很多时候由于柴草过多、过重而拿不回来，经常是母亲到河滩或沟坡地去接我。当时，村里人形容我挑担子、背东西过多的样子为"人小志气大，只见东西不见人"，意思是我太好强，背的东西和挑的担子超过负荷，与本人的身体不太相称。父母看到后，更是心疼，经常对我说："一寸骨头一寸力，千万别强求了，那样会影响你长个儿。"但我还是硬头不屈。在我的印象里，从上小学开始，每逢周末或寒暑假，我经常是早早就到沟坡拾柴割草，不知有多少次是伸手不见五指才回到家中。

记得有一年夏天，那时我可能有七八岁，刚下到河滩的沟坡处割草，忽然间电闪雷鸣，下起了倾盆大雨，我就急匆匆往家返，谁知道泥泞的陡坡就像通天的滑板，走一步滑几步，全身衣服被雨浇了个透，手里的箩筐也被甩出去老远。我用镰刀扎地，想一步一步稳住，但根本无济于事，只有100多米的陡坡，我足足爬了半个晌午。回家后，我整个人像泥水浸泡过似的，母亲、家里人都吓坏了，也急坏了。我那虽说瘦小但如皮筋似的身体瘫软在院子里，请本村的大夫一量体温，竟然发烧到40多摄氏度，病了足足半个多月。身体恢复后，我仍然周而复始地拾柴割草。

记得那时一有空闲，我总是帮家里人做一些力所能及的事情，这也养成了我一生勤奋苦干的秉性。

小时候，过年是幸福的，是令人渴望的，也是令我心酸和难过的。在靠工分吃饭的年代，由于家里吃饭的人多，挣工分的人少，每年到头总是入不敷出，过大年就是一种难过和不安。小孩子无法体谅大人"无米之炊"的难处，总想吃香的、喝辣的、玩好的。不管怎样，父母还是千方百计从邻居那里借粮借钱，就是再难也要让孩子们欢天喜地过个年。记得七八岁的时候，我看到村里很多人家给孩子买了许多鞭炮，便回家向父母要。善良无措的父母没有给我巴掌，但也没有向我承诺，而是在除夕的晚上，给我买回了一小串鞭炮（50头的）。这让我和二哥许效斌喜出望外。有趣的是，一串完整的50响的小炮仗，竟然让我弟兄俩拆分得七零八落，但家门口总算是有了过年应有的响声。在我的记忆中，每年过年最欢喜也最难熬的莫过于穿新衣，由于家里兄弟姊妹多，加上还有侄子侄女，母亲总是最后给我和妹妹许孔珠缝一身新的粗布衣，而且都是在除夕那天才赶制出来。直到后来略懂事了，我才理解父母的一片苦心和难处。

二　内乱中度过小学时光

我与村里同龄的一些孩子不同，没有上过幼儿园，而且还晚上一年学。那时，与我年龄相仿的许韶石、许增国、许鹏鹏等小伙伴都已上学，之后第二年也就是1965年的秋天，我和堂弟许斌弟及同村的许兴国、许金玲、许杏元等一起上了小学堂。

第一天去学校报到，学校里没有桌椅板凳、没有课本、没有铅笔，也没有作业本。老师讲，你们谁家有桌子搬来就行，笔墨纸砚请各自家长准备。正好我家有个吃饭的方桌，我就让父亲搬过去了。学校的教室不大，是村里原来放粮食的长方形土房，五个年级的孩子都挤在一间屋子里，有20多人。上课用的黑板只有一块，一、三、五年级面向一方，二、四年级面向相反方向。老师给哪个年级讲课，哪个年级的学生就面向黑板。一直到了1968年前后，在村民的支持下，学校才制作了简易的小课桌和小长凳，学习条件才有所改善。我们的小学时代就是在这样简陋的设施和环境中度过的。

尤其不能忘记的是，1966年"八一八"后（后来才知道这是伟大领袖毛泽东主席第一次接见百万红卫兵的日子），刚好是我上小学一年级的时候，史无前例的"文化大革命"开始了。这场运动规模之大、范围之广、时间跨度之长，是所有人始料未及的：从城市到农村、从政府机构到各行各业，各种运动层出不穷，我所在的许八坡村也不例外。尽管远离喧嚣的大城市，但运动的方式、手段、内容，绝不亚于城市。我们看到的是：大字报、小字报、手持喇叭的批斗场面，特别是戴着高帽子和胸前挂牌子游村的"地富反坏右"，一群接一群。当时我们年龄很小，什么也不懂，但有人呼口号，我们就跟着喊。给我印象很深的有几个情境，至今挥之不去。第一个是不法分子张丸子，当时也就是40岁左右的中年妇女，说她在新中国成立前有违法乱纪行为，被群众揭露后，就拉到我们学校批斗。她站在一条很窄很高的长条板凳上，两腿颤颤抖抖，几次差一点折下来，作为低年级小学生的我们，只是跟着别人呼口号"打倒张丸子""张丸子不投降，就叫她灭亡"，但心里不免产生了一点畏惧感。第二个是"牛鬼蛇神"张旺，说他整天装神弄鬼，让人喝"神水"，其实是害人，当他站在村头被批斗时，许多人向他扔烂树枝和土坷垃。那时，我们太小只有不到十岁，根本没有辨别是非的能力，只能跟着大人瞎嚷嚷。这些事，尽管过去了五十多年，但其阴影却留在了脑海里。

我的小学时光，就是在这样的环境中一天天度过的。那时的文化课学习，主要是语文和算术两门，老师要求我们能读会算就行。我记得一至四年级都是每年只考一次试，但有两门"政治课"的要求很严格。一是"天天读"，背诵"老三篇"和《毛主席语录》，尤其是《毛主席语录》，要比赛看谁背诵得条目多。我记得，我们学校与邻村的三甲坡小学经常开展背诵《毛主席语录》比赛，大家背诵得都很多，而且滚瓜烂熟。我当时可以背200多条，算是比较多的。二是整天学农，不是到河滩割草、捡豆子，就是去沟坡麦地拾麦穗、刨红薯、摘棉花。这样做，也能为我们学校解决一些办学经费问题。

特别不能忘记的是，在我上小学三年级的时候，那时正值夏天，一般是上午上文化课，下午组织学农。有一次我们到河滩去割草，回来交草的时候，不知谁割了许多"红头发绳"（这是当地的一种非草植物，人和牲口都不能吃），老师在教室就问，这是谁割的，自己站出来。我当时没听清楚，以为问谁没割过"红头发绳"，就和两个小伙伴一起举了手。老师就误认为是我割的，让我站在讲台上，大声批评。当时我委屈极了，就大声哭起来，不知为什么，当时我也未反驳。后来我想，可能是我平时少言寡语，老师对我的表扬多，当时哭声掩盖了理智。后来，直到老师调走了，我也未能将实情告知。虽然此事过去五十多年了，但我至今回想起来，仍然觉得可笑可叹！

三 顽皮自在的少年岁月

少年时代是顽皮自在的。记得在小学四五年级的时候，村里一起长大的小伙伴共有十来个，其中经常在一起玩的有刘安民（后改名为刘涛）、任自强、许乃弟、许效前、许增国、许韶石、许斌弟、许红红等，每年的夏天特别是暑期，我们就相约一起到六七里外的黄河滩下河游玩，度过那最自由、最快乐的时光。值得一提的是，发小刘安民，是我们的"孩子王"。他为人仗义，智慧勇敢，为救落水的小伙伴许正民，奋不顾身，见义勇为，跳入滚滚的黄河之中，成为大家心目中的英雄，也是我一生的好兄弟。由于那时我们大部分人都不怎么会游泳，所以我和一些小伙伴都在腰间绑个葫芦助浮，以免发生意外。

炎热的夏季，太阳非常毒，把每个人的脸庞晒得黝黑黝黑的，沟坡一带呈现干热和辣味，大汗从脑门、脖子、腰背往下流，整个人仿佛躺在蒸笼里。我们这些小伙伴，就是在这样的火辣辣的大热环境中，经常利用上午和下午中间三个多小时不上课的时间，成群结队、光着膀子、穿着裤衩，相约到黄河滩去游玩，大家的脸上、身上都晒得像剥了皮的红薯——通红通红。黄河的泥沙很多、很大，水很浑，判断是否下过黄河，从身上一抠便知，如果下过黄河，身上立即闪现一道白色的印迹。刚开始我们不敢承认下了黄河，老师就是用这种方法来判断的。下黄河是非常危险的，老师、家长都很担心，但我们这些小伙伴没有把它当回事儿，也不知道害怕。后来老师知道了很是担心，在学校严厉批评了我们，但我们这些小伙伴还是照去不误。那时，我们都不留长发，但也没有剃光头，而是头顶上留着圆圆的一撮头发，如果谁下了黄河，老师就揪住这撮头发，拉到讲台上狠狠批评。我们这些小伙伴很淘气，后来大家都剃了光头。在我们认为老师没办法揪头发的时候，老师又"急中生智",揪住了长在我们脑袋上的耳朵,迫使我们就范,没地方可躲。为了保证我们的安全,老师可谓煞费苦心,耐心说服。但那时候,我们年龄小,不懂害怕,照旧下河,不得已老师将我们下河的事告诉各家家长。我清楚地记得,家长们知道后都非常恼火,动用了手掌、皮鞭、棍棒等各种家法,目的是制止孩子们这一危险的行为。特别是后来,下黄河出了一件差点要了命的事,我们这些小伙伴方才收敛。

记得那是一个非常炎热的暑天中午,与我们一起去黄河玩耍的邻村(三甲坡)的一个小伙伴,刚刚下水,就被一个漩涡卷了下去,幸亏有个叫张平定的三甲坡村的年轻人会游泳,丢掉烟蒂,衣服也顾不得脱掉,奋不顾身猛地扑下去,用手和脚摸了好几次,才把他拉上了岸,然后将他放在箩筐提手上,不停地将他肚子里的水往外挤,总算把这个小伙伴从死亡线上救活。当时我们几个在场的小伙伴都吓坏了,从此以后,小伙伴们很少成群结队或单独下黄河了。这个深刻的教训,也使我在后来的岁月里对水有了很高的敬畏。

小时候,我们这些小伙伴在许多方面都很淘气。比如,冬天黄河滩飞来了受伤的大雁,那时大家心里根本没有保护野生动物的概念,而是很好奇,将它捉住,拿回家去玩,玩腻了就把它卖给其他人;夏天瓜果还没熟,甚至还是青瓜蛋子,就偷着去摘;生产队刚刚在河滩地里播种的花生,我们就用手刨出来吃掉。那时，家里没有自留地，全是生产队的，由于整天吃不饱，物资匮乏，所以小孩子们这些偷鸡摸狗、调皮淘气的事情经常发生。记得1968年夏季的一天，黄河滩上种了一些应季的庄稼，邻村的杨家寨在沟口有水的地方还种有蔬菜、西瓜、香瓜等。那时，我们几个小伙伴，都在十岁左右，正在河滩地割草，火辣辣的太阳使大家口渴难耐，喉咙都要冒烟了。这时，有小伙伴提议，到杨家寨的瓜地里弄几个瓜吃。当时，这些瓜还未成熟，都是生瓜蛋子，但大伙都渴急了，于是有几个小伙伴就藏在草丛中，不料刚刚揪下两个香瓜，就被人发现，看瓜的人就大声呵斥并飞奔着撵了过来。我当时与另一个小伙伴未跑，躲在附近的草丛中，因为我们没有参与偷瓜，更没有进入瓜园。这时，我只见那个看瓜的人飞奔追赶，而我的其他几个小伙伴早已跑得无影无踪了。此事虽然过去了五十多年，但每每想起我总感到幼稚可笑！

第二篇 ｜ **艰辛而发奋的中学时光**

"学制要缩短，教育要革命"，是我们这代人的遭遇。当时，小学由六年制缩短为五年制，初中和高中由六年制缩简为四年制，简称"五七型"学校。"五七型"学校，据说是按照毛泽东主席 1966 年 5 月 7 日的一封信的要求改的，小学毕业不用考试全部直接升初中，我们正赶上了这个教育变迁的年代。

　　在我的记忆里，虽然小学期间很少考试，但老师批改作业很负责，每次都要从头到尾仔细检查和批改，语文按甲、乙、丙打分，算术按百分制打分。老师严谨教学的态度也使我们从小做事一丝不苟。小学毕业升初中，尽管能够全部入学，但在小升初时，东吕中学（只有初中部，以下简称东吕初中）还是组织了一次正规的算术摸底考试。那是 1970 年的冬天（当时是冬季毕业、春季开学），东吕初中通知全片区小升初学生参加考试，我和本村七八个小伙伴就从沟坡村赶到垣上约 5 华里（1 华里 =0.5 公里）的东吕初中考试。参加考试的辖区包括东吕、方家、许八坡、三甲坡、杨家寨、老庄、新庄、柿子园、梁家岽 9 个自然村，同级考试的学生有 90 多人。考完试没几天，学校通知说我考了 97 分，全片区第二，被录取到东吕初中中五班。我当时很高兴，也向父母做了汇报，让家里人给我准备了上初中的行李。

一 吃了两年"开水灶"

东吕中学（初中），位于许八坡北边 5 华里的垣上（平原地带），学校坐落于东吕村的中央，是个老牌的小学，据说新中国成立前至 1968 年，一直是个由初小和高小组成的完全小学（简称完小），几十年来从这里走出来考上大中专的学生不下 200 人，20 世纪 60 年代末开办了初中部，师资力量比较雄厚。

我在 1971 年的春天，与同村的许增国、许韶石、许鹏鹏等人踏进了东吕初中的大门。当时，我们同届分了两个班，中五班和中六班，我被分到了中五班。那时我们大家的生活条件都很差，学习都很努力，每周上六天课，只有星期日休息。大部分同学吃饭搭的都是开水灶，意思是主食自己从家里拿，学校食堂负责给蒸馏一下，每天可以喝学校烧的开水，也不用买学校食堂炒的菜，自己从家里带咸菜吃即可。当时，我们是三天回 5 华里外的沟坡村拿一次干粮。我记得两年的初中生活中（当地的习惯是每天两顿饭），基本上是冬天每天两顿吃红薯、夏天每天两顿啃玉米饼，每三天从家里带一小瓶咸菜。两年间我没有喝过一次学校的面汤，没有吃过一次学校炒的热菜。我们住的学生宿舍，男同学是 20 人挤在一间狭窄的土房里，夏天蚊子苍蝇随处可见，叮咬得人瘙痒难耐；冬天屋里也不生火炉，冻得人浑身哆嗦，难以入睡。后来我们两个人搭伙，挤在一个被窝里，上面搭一条被子来保暖。宿舍里没有电灯，漆黑一片，有时点个煤油灯，也没有开水房，更没有厕所，如果起夜，还得到外边去。我盖的被子虽然很厚，但不是新鲜的棉花，而是家里用过的旧被子，冬天没有热乎气，夏天又重又厚，汗味很浓。两年间，我没有用过枕头，而是用两块砖头来代替枕头。

那时候家里很穷，我从未讲究过穿戴，也不知道讲究穿戴，家里给什么就穿戴什么，就是后来进入芮城高中也是一样。夏天穿的是母亲织的粗布衬衫和裤子，上身里边连个背心也没有，因为买不起；冬天上身穿的是一件对襟棉袄，寒风一吹直打哆嗦，下半身就是一条棉裤裹身，也不穿裤衩；脚上穿着一双粗布棉鞋，从孩提起到上初一这十多年，我没有穿过袜子，也没有钱买袜子，直到上了初二，我让母亲给我纺了棉线团，我利用空闲时间，学会了编帽子、编手套、织袜子，总算有了袜子穿。贫困的生活条件，也磨炼了我一生勤奋而又刚强的性格。

在我少年时代的记忆中，学习是一种乐趣，从不觉得苦

1972年底初中毕业时

和累。特别是到了初中后，也不知道哪来的那股子拼命精神，每天凌晨总是三四点钟起床，然后就去教室学习，晚上十点多钟才回到宿舍睡觉，就是这种顽强拼搏的精神，使我充实地度过了两个春秋。

回顾两年的初中生活，也留下了许多可叹可笑的事情。第一次早起到教室，是上初中的第二周。那时刚入校不久，同学之间连名字都叫不上来，凌晨三点多钟我刚到教室外面，发现灯已亮，进门后，看到一个女同学的背影，我进去后她头也不回，一直在写字，周而复始，每天她总是第一个到教室。后来，早去的同学渐渐增多了，大约有六七个，既有女同学，也有男同学，时间一长，我们也知道来教室最早的女同学叫方孔卜，比我们大一点，她喜欢语文、作文，知道许多天文地理知识、国内外著名的作家和诗人等。她才思敏捷，语言丰富，写东西手到擒来。她写的作文，经常被作为范文，老师给我们在课堂上点评。在她的作文中，经常引用一些名人名句，比如范仲淹、鲁迅、巴金、老舍、赵树理、奥斯特洛夫斯基、高尔基等大家的名言名句，我们班许多同学对她的文才很是羡慕，相比之下，我自己读的书太少了，感到自愧不如。在她的影响下，利用课余和假期，我从通读"三大名著"（《红楼梦》《西游记》《水浒传》）开始，阅览了《钢铁是怎样炼成的》《李有才板话》《欧也妮·葛朗台》《六十年的变迁》《三字经》《东周列国志》《杨家将》《薛仁贵征东》等，逐渐丰富了自己的历史常识和文学知识，自己的写作水平也慢慢提高了。

在学习的道路上，我从来没有盲目崇拜，而是结合所学情况和自己的实际，扬长避短，全面进取，对所有新课程都能做到提前预习，平行推进数学、物理、化学和语文等各科学习。尤其在数学的学习上，初中主要学习的是代数，我将老师讲的15种基本公式都熟记于心，灵活运用；对老师课堂上讲的内容和留下的作业，反复演算，认真推敲，甚至都能倒背如流，就连许多课外数学难题我也看了若干遍，有的还演算了很多。在化学和物理的学习上，能够将元素周期表和所有定律、公式反复背诵，熟练掌握，对每个案例题，均进行了反复练习。那时候，我们正赶上"复课闹革命"和"智育回潮"，学校要求我们既要批判"读书无用论"，又要批判"读书做官论"，倡导"学好数理化，走遍天下都不怕"。许多同学都明确了学习的目的，端正了学习态度，所以学习上都很用功。记得当时考试比较频繁，大约每个月都有一次，每次考试单科成绩我不敢保证都是第一，但也一直名列前茅，而综合成绩一直保持着班级第一；在全年级排名中，每次我的综合考试成绩也一直处于靠前位置。

初中阶段的学习条件是艰苦的，我们大部分同学的表现是努力、刻苦的，当然也留下了一些令人啼笑皆非的事。前面说到尽管冬天天气很冷，但我和一些同学还是冒着严寒在凌晨三四点钟就来到教室复习功课。同学多了，

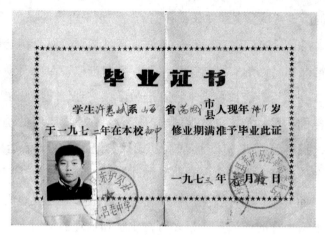

初中毕业证书

什么样的性格都有。加之当时年龄都小、不懂事，一些同学不论在什么场合，总爱说笑打闹，不懂珍惜时间，既影响起早在教室里学习的同学，也影响住在隔壁休息中的老师，时间一长，引起了老师的反感。记得有几次凌晨，有两三个同学在教室大声喧哗，住在隔壁的老师实在忍无可忍，就到教室里进行了严厉批评，但老师一走，他们又开始闹起来。后来，老师就将我们在教室的所有同学叫到自己的宿舍，因为教室未生火炉，老师宿舍有火炉，老师担心把同学们冻坏，满以为这样就能了事，没想到老师一关灯，个别同学又"嘿嘿嘿"笑个不停，引得大家都笑起来。如此这般，反反复复，严重影响了老师休息，也使早起的同学无法学习。最后，老师就把我们赶到操场上跑步。当时外边下着雪，天气特别冷，老师说："既然大家不珍惜时间，还不如锻炼锻炼身体。"跑了大约半个小时又回到了教室。受到惩罚的我们，从此以后乖多了，教室里基本上没有吵闹声。后来，离开东吕初中后，我们几个同学经常笑谈这段往事，也为年幼无知而后悔。

初中时，老师对大家的学习抓得很紧，要求也很严格，不仅体现在每堂课的讲授上，还体现在对每个学生的作业的批改上；不仅找了大量的课外资料让我们阅读和练习，还对重点布置的内容进行督查考评。我记得为提高大家的写作水平，老师经常从报纸和课外读物上，摘录好多范文和警句，要求大家熟记，并采取"谁背会了谁吃饭"的惩罚措施。我经常是最先背会，也最先到食堂去。对于每次考试的作文，老师都会逐一点评，并写在作文本上，特别是经常用"四六句"来点评，既朗朗上口，便于学生深刻吸取教训，又贴切形象、一语中的，还融洽了师生关系。比如，有名同学是补习生，写作文经常应付，所以老师在他的作文后面写道："补习生、某某民，至今不会写作文；文不通、字不清，在校学习磨洋工。"这既批评了他的敷衍了事，又教育了大家要端正态度。还有一名同学叫某某国，老师阅完他的作文后写道："你这个同学真真怪，既能好、又能坏；这次作文很生动，语言句子没毛病。"老师点评后，大家哄堂大笑。但我发现，在以后的写作中，许多同学都很认真，说明大家受到了一定的启发和教育。在数学、物理和化学的学习上，同样，老师不仅讲得仔细，而且经常点评作业做得好坏和正确与否，记忆中有好多次都是在晚上点评。有一次，物理、化学老师点评，他拿出我的作业本，这个作业本是用一种较黑且便宜的大张纸剪裁而成的，他给大家说我是"外浊内秀"，意思是我的作业本质量是最差的，成本是最便宜的，但做出的作业是最整洁的而且全是满分。当时我是既羞愧，又高兴，许多同学也向我投来了羡慕的眼光。后来，不少同学包括外班的同学，都来参观我的作业，有些还让我讲讲学习经验，这对我的触动很大。我暗下决心，一定要继续努力，不辜负老师和同学们对我的鼓励！

那时候，老师不仅关心同学们的学习情况，而且经常检查教室里的卫生和学生宿舍是否干净。有一次，老师到男同学和女同学的宿舍检查后，非常生气，尤其对女同学的卫生环境极为不满。他编成顺口溜，让我写在教室黑板上给大家看。现在我还记忆犹新："女生是个外面光，实际宿舍特别脏，泥鞋乱放几十双，竟然懒得不糊窗；被子褥子不放齐，地面扔满红薯皮；破烂杂物一堆堆，清除要用车来推……"总而言之，早先我们的宿舍很乱很脏，在老师的严厉指责下，班里成立了卫生小组，每周都开展一次大扫除和大检查，我们的宿舍、教室及周围环境，从此发生了大变化。当然，这也使大家明白了保持个人卫生和公共环境的重要性，增强了大家维护环境卫生的自觉性。

吃苦耐劳、助人为乐的品质，是我从小养成的，特别是集体活动，我总是默默冲在最前边：教室的卫生不是我值班，我会主动去清扫；班里的黑板没擦，我会主动去擦；学校的板报要换，老师让我去做，我二话不说；同学有不会的难题找我，我都能耐心讲解，交流思路；有些老师为我们同学讲课耽误了家里的农活，我和一些同学也利用课休时间主动上门帮忙；等等。由于自己在集体活动中卖力，学习成绩一直很好，在同学中有很好的威信，组织上就有意培养我听团课、加入团组织。刚开始，共青团是什么性质，加入其中有什么意义，我真的弄不清楚，只是听说各方面表现最优秀的同学才能加入。所以，在初一的下半年，学校团委每月都抽一天晚上，让我和另外两名其他班同学单独上团课，这才使我逐渐懂得了：中国共产主义青年团是先进的青年群众组织，是中国共产党的得力助手，等等。组织上的教育和培养，使我在德、智、体各方面更为突出，连续两年都被评为学校的"三好学生"，并在1972年的时候第一批光荣加入了团组织。

初中的学习生活是枯燥的，但大家不仅发奋学习，而且很遵守劳动纪律。记得那是1972年夏天的一天下午，我们三个小伙伴到5华里外的沟坡村拿干粮返校，当时乌云密布、电闪雷鸣，为了能按时返校，就不顾突变的天气，急匆匆返校。当时，父母和村里的几个大人反复劝告我们，等雨停了或者晚一点再去，但我们几个为了不耽误晚自习，还是硬着头皮走了。那时，我们也没有雨伞雨衣，穿的都是布鞋，所有的路都是土路，刚走到陡坡前，雨就下起来了，泥泞的陡坡和越下越大的雨，使我们走一步退几步，浑身都湿透了，背的干粮也成了水泡泡，但我们还是拐着弯道往上爬。尽管这陡坡不到1公里，但我们足足爬了个把小时。在我们爬到坡顶时，雨也停了，当远远听到学校的铃声响起时，大家还是很兴奋，且一鼓作气，克服困难，沿着高低不平的泥泞土路，脚步更快了……

二 离家25华里的芮城中学

转眼间，两年的初中生活就结束了，根据县教育局的要求，初中升高中必须进行考试，录取后方可入学。记得那是1972年的寒冬腊月，刚举行完初中毕业典礼不久，我们东吕初中两个班80多人报名参加了中考。考试的地点是当时公社的所在地东垆村东垆中学，参加的人员既有东吕片区的，又有东垆片区的，大约共计150人。考试形式和程序都非常正规，即由县教育局统一命题、密封、派专人护送并在现场打开。

我清晰地记得，考试的那一天太紧张了。天刚蒙蒙亮，外边特别冷，我们三个小伙伴，就带着玉米饼和学习用具，急忙忙向离本村七八华里外的东垆中学考点赶去。那时，没有公交车，没有自行车，没有手表和钟表，更没有父母和家人的陪伴，有的只是紧张的心情、急促的脚步和满头的大汗，待赶到考场已差半个小时就要开考了。上午考的是思政（思想政治）和作文，下午考的是数学和理化，共四门。刚打开各科试题的时候有点发蒙，但也似曾相识。据老师说，此次试题出得很有水平，尤其作文命题是"读书笔记一则"，把许多同学都蒙住了，搞不清楚到底要写什么，也没练习过这方面的题目和内容。我平时看过不少课外书，背诵了不少名句名段，这次考试正好用上了。后来公布成绩，我考得不错，在整个东垆公社名列前茅（听说综合成绩排名前三）。我们东吕初中两个班共计80多人，被县高中录取了十六七个人，录取率20%左右。

清贫的生活条件，总能给人以坚毅的品质和勤学苦练的劲头。两年的高中生活开始了，虽然家庭条件十分困难，但这也使我拥有了在学业等方面的动力，我的各科成绩都名列前茅。

芮城中学，位于县城的中心，离家很远，大约有25华里，之前从未去过。上县城中学不比上东吕初中，要交书本费、学杂费、伙食费等。刚开始，父亲不打算让我去县中读高中，因为家里太穷没有钱也没有劳动力。当时，二哥要准备当兵，姐姐已出嫁，妹妹上小学，侄女5岁、侄子7岁，在靠工分吃饭的年代，我家每年总是入不敷出。后来，村里人给父亲讲，这孩子考上县中不容易，村里只有他考上了，咬咬牙也得让孩子上。就这样，父母在忍饥挨饿的情况下，让我走进了芮城高中的校门。

记得去芮城高中报到的时候，家里还没有自行车，村里有自行车的也没几家。为了拉行李，善良的母亲厚着脸皮走了几家总算借到了自行车。二哥许效斌送我去学校，自行车后边载着被褥，前面挂着装有学习工具的袋子和干粮，人根本没法骑，更没法载人，25华里的路程我们足足走了一个大上午。芮城中学是全县最高也是最好的学府，无论是师资力量还是教学环境和条件，与东吕初中相比都好太多了。走进学校大门，首先映入眼帘的是高高的铃杆和传达室；正面对着的大瓦房是学校的图书室；左手东边是个大食堂；再往东南方向，整整齐齐三排房子是我们高一新生的教室和教研室；从学校大门右边放眼望去，是一个宽阔的大操场，操场的西北角是个大水塔，自此我也用上了从未见过的自来水；图书馆的右侧还有两排高二学生用的教室；学校最南端是老师和学生的宿舍。校园内的道路两旁是两排参天大树，教学环境和条件可圈可点！

我们这届是从全县选拔出来的最好的学生，高一年级从高25班至31班共7个班，每班30多人，我被分配到高28班。上课的第一天，主要是各科老师与同学们相互见面、认识。首先是班主任淡忠实，威武的个子，严肃的面孔，听说他学问深、资格老、管得严，很有水平。淡老师教我们政治课。那天，他点完名后，宣布了班级干部的组成，特别是安排了各科课代表，我被安排为语文课代表。我也不知道那么多同学为什么让我做课代表，听说班里有几个语文学得特别好的同学。仔细琢磨，是不是因为我在中考时，作文考得不错？不管怎样，老师让干什么就干什么，就这样，我担任了语文课代表。后来，学校又从我们同年级7个班中，推荐了4名同学，分别担任两个初中班的辅导员，我有幸被选中，并与另外一个同学刘青霞一起，被确定为初中90班辅导员。其实，我感到自己知识水平十分有限，心里就像十五个吊桶打水——七上八下。

2001年，与高中时的班主任淡忠实老师（左）在北京留影

令人不能忘记的还有，在第一次师生见面会上，数学老师的介绍，很有意思。那天，他一走进教室，同学们唰地站起来了。他让大家坐下后，在黑板上用粉笔写了大大的两个字：李健。他嘴一抿，用粉笔猛地往黑板上一戳，

"我叫李健，李健就是我"，惹得同学们哄堂大笑。随后他就正式讲了一下数学课的学期安排。紧接着是语文、物理、化学、英语、历史、地理等各科老师分别介绍课程安排。晚上回到宿舍，我在想："县中就是县中，一级是一级的水平，与初中老师比，高中老师就是不一样，我能不能跟上趟，心里不停地在盘问。"这一夜，我的心情久久未能平静。

记得第一次走进学校的食堂，我是那样的无助。芮城中学的食堂比东吕初中的食堂好太多，同学们拿着碗筷，排着长长的队伍，一个接一个打饭，这是我以前上初中没有见过的。学校食堂是一天两顿饭，早饭大约在9点，午饭在下午2点多，一天两餐，这也是当地人的习俗，晚上无饭，但供应开水。大部分同学预定的都是面灶，但内容有点不同，也就是说，面灶可吃学校每天供应的主食、面汤和炒菜；也可以只吃主食、面汤，不吃炒菜。我属于后者，因为要吃炒的热菜较贵，我吃不起。两年的高中生活，我没有吃过一次学校食堂供应的炒菜，都是每周从家里拿一瓶咸菜。记得那时候，虽说预定的是面灶，但我也很少去买学校供应的主食，夏天总是每周从家里背点玉米饼子或窝窝头，冬天拿点红薯，请食堂蒸一蒸，这样可以省钱。总而言之，生活要比大部分同学艰苦一点。正是这样的苦生活、苦条件，才使我能够珍惜后来的工作和生活，能够迎难而上，苦中求进。

县城毕竟是县城，同学们的穿戴与初中时比，普遍有了显著变化，尤其是干部子弟及县城周边来的同学，穿戴相对讲究，许多人穿的是洋衬衫、洋制服、秋衣秋裤、毛衣毛裤，戴着军帽或雷锋帽，脚上穿的是胶鞋和皮鞋等。而我和一些农村来的同学，特别是家庭经济条件困难的同学，从头到脚穿的则是粗布衣裳、粗布鞋。但我心里在想："出身不由己，命运可再造，吃穿不能与这些同学比，但学习和表现一定要向最好的同学看齐。"小时候，听村里一个有学问的长者讲"书山有路勤为径，学海无涯苦作舟""勤奋意味着万物不缺，懒惰意味着一无所有""寒门出贵子"。我暗下决心，要想改变贫穷，就得好好读书，正如毛主席所说的，"穷则思变，要干，要革命"。正是在这样的朴素理念的支撑下，我的学习劲头更足了。

不同于初中生活的安排，高中的作息时间更为规范和严格。晚上学校教室和宿舍执行统一的熄灯号令，而且有时候还有夜巡，想加班加点学习，比较困难，那怎么办呢？经过月余时间的摸索，我终于找到了一个窍门，就是充分利用课余和休息时间，见缝插针挤时间学。具体来说，就是每天早上比其他同学早起两个小时，将前一天或有疑问的课程（主要是数理化方面）复习一遍，直至彻底掌握；晚上熄灯后，挤出一个多小时到操场上将英语和语文中的要点背一背。体育课是我的弱项，我就练跑步、拉单杠、跳鞍马等。如何能够考试过关和达到优良呢？我的做法是

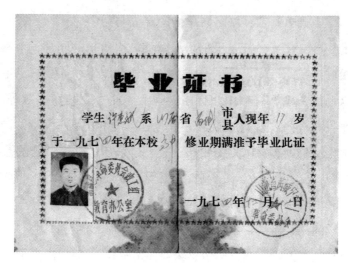

高中毕业证书

"笨鸟先飞",即每天晚上背完有关课程要点后,坚持在操场上跑5~6圈,练习单杠10个左右。久而久之,所学各科内容我都能熟记于心,灵活运用,因而在期末、年终和毕业考试中,各科成绩都实现了全优,综合成绩名列班里前茅。看来,"功夫不负有心人"的古训不是一句空话。

贫困的生活条件,也培养了我自力更生、勤工俭学的理念和吃苦耐劳的精神。没有学习、生活经费怎么办?有的同学就给我出主意,星期天或寒暑假,可以在县城周围找些零活,聊补无米之困。记得在两年的寒假中,我去得最多的地方,就是到县城搞基建的单位,帮忙打石头。那时的冬天日子很不好过,不知道是气温太低,还是自己穿得太薄，总感觉浑身冷飕飕的。每天要冒着严寒打石头7个小时，手脚被冻得裂开很多小缝，还渗着血，一张脸总是冻得通红通红的，就这也只能挣来1.5元。不管怎么样，拿到报酬的那一刻，心里总是暖暖的。特别不能忘怀的是，1974年那一年，县里要建文化馆，我就利用暑假到工地做小工。烈日炎炎，汗流浃背，脸蛋和上身晒得像炸出的棉油饼一样，黑油油的。尽管每天只能挣1.5元，但半个月也有20多元，可以支撑我一个学期的开销，心里还是由衷地高兴。

高中生活是丰富多彩的，但美好的时光很快过去了。1975年1月，学校组织了严肃的毕业考试，并举行了隆重的毕业典礼。当时，有同学代表在大会上发言，题目有《我是一块砖，天南海北任党搬》《扎下根、回农村，一颗红心献青春》等，发言内容使许多同学心潮澎湃、热血沸腾。毕业典礼后，同学们回到各自的教室，当我进入我们高28班教室的那一刻，黑板上"1980年群英会再见"的几个大字映入眼帘，我和许多同学一样情不自禁流下了离别的眼泪。随后，我和一些同学都写了决心书："一生交给党安排。"就这样，大家都到县照相馆照了毕业合影，许多同学还拥抱在一起，相互倾诉衷肠，有的相互赠送笔记本并留言，恋恋不舍的场面令人动容！

第三篇 | **高考使我掉了 15 斤肉**

1977年，国家恢复了高考制度，考试由各省（自治区、直辖市）分别命题和组织实施。那一年，我在东垆公社当秘书，整天骑着自行车，驮着陈勿听书记到各大队、各村庄调查研究，现场指导工作。不仅如此，晚上还要加班加点整理材料，忙得不亦乐乎，所以参加高考自然会遇到很多困难和阻力。

一 老师和同志们的鼓励，坚定了我参加高考的决心

芮城县是山西有名的文化大县，历史上文化积淀深厚，西侯度远古文化遗址、吕洞宾传奇、永乐宫壁画、圣寿寺舍利塔等闻名遐迩，还有琴棋书画诗酒茶花传统"八雅"在这里广为传颂。人们爱学习、爱劳动，尊师重教由来已久。恢复高考后，许多人摩拳擦掌，走进芮城中学、西陌中学、风陵渡中学、陌南中学复习准备。听到许多往日同学放下手里的活计走进了县中复习班，说老实话，我怎能不心生萌动呢?！有一天，我鼓足了勇气，找到陈勿听书记，说要参加高考复学。他一听，头也不回地说："你是从多少人中挑选出来的，将来县里有名额招干，把你转正就是了。"我知道，这是老书记喜欢我，爱惜人才，不想让我走，但这使我忐忑不安。后来，高考报名开始了，有些同事给我打气"还是试试吧"。经过我的死缠硬磨，老领导终于默认了我的高考报名，但每天工作仍然照旧，没有任

何可以挤出的时间去复习。

俗话说："不打无准备之仗。"但我确实打了一个无准备之仗。在没有复习过一天的情况下，我和公社公安特派员刘涛同志竟然参加了考试。那天考试前，我们出了一个不大不小的洋相：住在县城招待所，由于前两天晚上整理领导所要材料，加班太晚而睡过了头，首日考试我们就晚到了 10 分钟，差点被取消考试资格。在走进考场的一刹那，我注意到周围的考生已答完第一张试卷。当时，我就在想：反正我也没复习过，是来试试的，考得好坏无所谓。不管怎样，还是要把五门考试都完成。令人没有想到的是，公布高考初选名单时，我和刘涛竟然被选上了。但在填报高考志愿时，由于我不懂怎么填，也不去问人，随便填了5 个名牌大学（北京大学、中山大学、南开大学、兰州大学、武汉大学），结果名落孙山。虽然觉得没面子，但这毕竟为我第二年参加高考积累了经验。

1978 年，也就是改革开放那年，全国实行了高考统一命题。在我还犹豫要不要丢掉"铁饭碗"参加高考的关键时刻，改变我命运的卫尚德老师（他是我在县中学的物理老师），在 1978 年春节之后，冒着凛冽的寒风和漫天飞舞的雪花，来到我们东垆公社驻地，语重心长地告诉我："现在已经恢复高考了，而高考是唯一改变农家子女命运的举措，你在县高中学习期间，我看你基础很好，各方面很优秀，你们班的物理课代表孙林林都考上清华大学了，按你的学习成绩一定可以考上一个好大学，为什么不拼一拼呢？！"老师的一席话，恰似醍醐灌顶，使我梦醒。我原本在想，好不容易被选到了公社，有了份正式工作，如果考不上怎么办？那不就太丢人了。经过老师的提醒，我自己进行了激烈的思想交锋，终于想通了。恰好此时公社书记易人，我就鼓足勇气，找到了新任的赵正轩书记和一些老领导汇报，没想到大家都支持我去高考。我记得刘重光副书记说了句令我至今记忆犹新的话，他说："借不下粮食有布袋在，万一考不上，咱再回公社办公室就是了。"他的话，给我吃了一颗定心丸。

其实，我也在心里琢磨：一定要拼搏考上，不辜负同志们的嘱咐和愿望。此时，我也想起了毛泽东早年离开韶山时留给父亲的一首小诗："孩儿立志出乡关，学不成名誓不还。埋骨何须桑梓地，人生无处不青山。"我立誓：出了公社的大门，再也不回来了！

就这样，在1978年的3月，我卷起了铺盖，离开了付出辛勤汗水三年多的火热

东垆公社原党委副书记刘重光同志

的公社生活，来到了县中复习班，度过了难以想象的艰难拼搏的高考前的100天！

二 全力以赴，备战大考

来到县中复习班，本来我想考理工科，这也是我的长项。但早在五个月前我就把高中时用的数学、物理、化学书都借给了一个同事，没书怎么复习，不得已我就进了文科复习班。进来后我才了解到，许多同学都复习了半年以上，一个能容纳50人的教室，足足装进了80多人。由于我是最后来的，所以我的座位也只能插在最后一排。记得在进复习班10多天后的第一次考试中，包括政治、语文、数学、地理、历史五门课，我的综合成绩排全班倒数第十，我感觉太没面子，但仔细想想，也合情合理。因为从1975年1月高中毕业至1978年3月，我离开学校的时间太长了，书本也找不到了，许多数学公式在脑中也已模糊甚至忘记，而复习班的同学大多已复习半年了，难怪考试成绩靠后，无论如何，都需要一个恢复的过程。痛定思痛，必须横下决心，抓紧学习，迎头赶上。

在高考复习上，没有捷径可走。开动脑筋，强化记忆，巧妙思维，勤学苦钻，可谓成功的秘诀。坐在最后一排，看不清、听不见老师的讲课内容怎么办？我就借同学的笔记抄；在数学、政治方面遇到不会不懂的难题，我就不厌其烦地请教老师；对于古文、历史、地理不理解的地方，我就死记硬背。特别是注意向学习好的同学请教，相互交流。我记得，在高考复习的紧张阶段，班主任还让我对多个同学的作文进行点评（可能是我在公社当了三年秘书，文笔锻炼得不错）。起初，我认为这是浪费和占用我的宝贵时间，我大哥许玉斌知道后，也批评我是"狗拿耗子多管闲事"。他说："复习这么紧张，你都顾不了自己，还在帮别人看文章，真是泥菩萨过河，自身难保。"但通过阅读和点评其他同学的文章，我的看法有了改变：我觉得，同样的作文命题，各有各的写法，每个人都有自己的长处，虽然占用了自己的一点时间，但也是一次吸收别人写作长处的最好机会，可以使我扬长避短，学到别人学不到的东西。

高考的时间越来越近，时间不给我机会，但意志和毅力给了我信心和力量。经过两个多月的突击冲刺，我演算的数学草纸足足装有两麻袋，我不仅把老师留下的作业和安排的课外资料全部熟练做完，而且还将我从外借来的一本1959年以来的高考数学题演算了一遍，突破一个个代数、几何、复合函数、简单微积分等方面的数学难题。对于经典古文译文，我反复琢磨，并试译了若干遍；对于语法修辞基本要求，能够熟练掌握；对于各种题材作文案例的基本架构，可以全部掌握，重点范文可以记在脑中；对于政治、历史、地理各门课的每本书的主要题目、内容和观点，我都能倒背如流。为了便于牢记，对地理、历史的许多内容和事件，我把它们编成了顺口溜或口诀。比如，地理上我国相邻的国家有哪些？我编成的顺口溜是："我国相邻12国，越南、朝鲜和老挝，印度、缅甸和不丹，锡金、尼泊尔、巴基斯坦，蒙古（国）、苏联（那时还未解体）、阿富汗。"在历史课上，我熟记了《朝代歌》《二十四节气歌》，以及国内国外的大事件、名人名言等。在临高考前，运城地区先行组织了统考，我的综合成绩已进入班级前列，我的政治试卷当时就被贴在芮城中学宣传栏的玻璃橱窗里，供大家阅览。

三　克服种种困难，终于金榜题名

不经风雨，难见世面；不吃苦头，怎知甘甜。在高考复习的日子里，给我最大的记忆就是一个"苦"字，刻骨铭心，此生从未再有过。

刚到县中复习的时候，那是1978年3月下旬，要"窝"没"窝"，要"锅"没"锅"，也就是住宿没有固定地点，又没钱去住招待所；吃饭更没有去处，也没钱上街去买。起初，与大哥一起住在他那不到10平方米的办公室兼宿舍里，但一周过去，既影响他的办公和休息，也耽误我的加班加点复习。同时，大哥又经常下乡，我的吃饭也没着落。为了专心致志复习，我就找到同在复习班的同学张亚云，他是县里的干部子弟，家就住在县城。他同意我住在他家，后来王琦同学也加入进来，我们三人住在了一起。几十年来，我一直在感怀，如果没有张亚云同学的收留，我的高考生活也将难以为继，也许正因为我们三位同学住在一起，充分交流，相互关照，所以老天爷也成就了我们，我们都考上了理想的大学。为了解决吃饭问题，每周六下午4点后，我就步行25华里回到许八坡村的家里取一次主食（主要是玉米饼），拿一瓶咸菜，星期日上午再返回到县中。

令人难以置信也难以忘怀的是，在高考复习的三个多月里，我在县城没有吃过一次带油的炒菜，没有喝过一次热乎乎的稀饭，没有吃过一个细粮馒头，没有睡过一个超过4个小时的囫囵觉，也没有到澡堂洗过一次热水澡。一是离家太远（25华里），二是没有钱和条件来支撑这一切。相反，在高考复习的100天里，有的是每天两顿饭都喝开水、吃玉米饼就咸菜；与张亚云、王琦两位同学挤在一张床上，几乎每天都是凌晨两三点钟起床，晚上12点前后睡觉，我珍惜着每分每秒。"功夫不负有心人"，庆幸的是，高考那两天，每天晚上我都睡得特别踏实。更可喜的是，对于五科考试，除语文是按时间点交卷外，其余四科（政治、数学、历史、地理）我均熟练做完，提前40分钟交卷。不久，高考成绩出来了，我的总成绩为347.5分，远超当年文科初选分数录取线（文科是300分，理工科是305分）。在东垆公社文理科初选的35人中，我的成绩高居榜首。后经打听，我的成绩在全县也名列前茅，其中政治和数学成绩在全县初选的文理科考生中，也是较高者。

不能忘记，高考结束的当天，一直紧绷着的我，终于放松了下来。那天，我掏出身上仅有的五毛钱，美美地吃了四根油条，喝了一碗热汤。当时饭馆门前正好有个秤，我顺便称了一下，不多不少正好100斤，与备战高考前的115斤比，足足掉了15斤。2001年，《北京青年报》征文——献给七七、七八两届考大学的人们，我写的《掉了15斤肉》，被作为优秀征文刊登，这是后话。

高考结束后，拖着疲惫的身躯，我回到了村里，难免被父老乡亲问长问短。我只是摇摇头，默默不语，也不准备回到原来的岗位上去。没过几天，公社党委副书记刘重光同志代表组织来到村里问我考得怎么样，我也没有正面回答，只是淡淡一笑。他说，不管考得怎么样，领导希望我再回公社，能否考上都无所谓。就这样，我又回到了工作岗位，但整天心不在焉，等待着高考录取通知书。终于在一个多月后，在各大学招录通知书还未完全到来之际，辽宁财经学院（现东北财经大学）的录取通知书"捷足先登"。这时我心中高悬的一块石头终于落了地。

第四篇 ｜ **难中拼搏的大学生活**

上大学是迷人的，也是难能可贵的，当然更是辛苦的。可以说，学习和生活的道路上布满了荆棘，常常是前途未卜。

一　无知可笑的报到之旅

大学算是考上了，着实令我和亲友激动了一阵子。我原以为上大学就是进了"红色保险箱"：不用交学费，不用带被褥，应该会配发洗刷用具。后来一打听，自己太无知、太可笑了。上大学不仅没有免费的午餐，而且四年下来要花不少钱，这可难坏了可怜无钱的父母！怎么办？平时就省吃俭用的老父亲，将自己用手艺（做泥瓦匠）换来的那辆半旧不新的自行车卖了60元钱，表兄唐玉川将自己从牙缝里挤出来的30斤全国粮票给了我，成了我第一年上大学的唯一学费和盘缠。

临行那天，是1978年国庆节后，我买了从芮城风陵渡到大连的火车通票（这是趟慢车，学生票是半价），这样比买快车票能省不少钱。能坐上火车对我来说是一种幸福，用现在的话说是一种奢侈，因为长到快20岁我还未见过火车。火车站在芮城县的最西端——风陵渡，它位于陕西、河南、山西三省交界的黄河拐弯处，离我家约有125华里，距县城也有90多华里，这么远怎么去？大哥许玉斌说，分两步走：第一步，前一天晚上先到县城，住在大哥的办公室兼宿舍；第二步，第二天一大早坐公共汽车赶往风陵渡，然后再乘火车。坐火车到大连并非直达，而是要在太原和北京下车中转签字，经过三天两夜才能到达。就这样，我和城关公社刘源村的两位乡友，也是去大连上学的小伙伴（他们是大连第一水面舰队学院的新生），在风陵渡结伴出发了。

令人啼笑皆非的是，我们三人此前谁也没有见过火车，谁也不懂火车行程上的规矩，所以一路上出了许多洋相。当时，到达太原站的时间大约是晚上9点，需要下车办理签字中转，但由于谁也不知道有候车室，所以我们下车后商量，两个人去签字，一个人原地不动看着行李（我看行李）。大约过了1个小时，两个小伙伴签完字后回来了，我们就问火车道上的工作人员，到北京是不是这趟车？得到肯定回答后，在还没有检票的情况下，我们就提前上了火车。那时，改革开放还未开始，坐车经商、旅游和出差的人极少，所以上车后，整排整排的椅子都是空荡荡的，我们每个人都能睡个长椅子，由于实在太累了，我们睡得很沉，醒来后发现已是大白天，不知不觉就到了北京站，这个时间是第二天的上午9点多。

首都北京，是我童年和少年时代追梦的地方。车站的行人不多，没有出租车，也没有小汽车，有的只是公交车，以及一些三轮车和板车。下车后，我们急匆匆到中转处签了字，没想到去大连的发车时间是凌晨零点十分，这中间有

13 个小时的空闲时间。听车站里的人说，花 5 毛钱可将行李送存放处，然后可以坐公交车到天安门、王府井、西单几个就近的景点看一看。我二话没说，存放好行李后，就独自到站前广场，看到一辆公交车来了，也没问到什么地方，反正就上去了。公交车的售票员用喇叭大声说话，我听不清，也听不懂，只是花 5 分钱买了车票，学着有的乘车人那样，把票粘在嘴巴上表明我买票了，随它去吧。不一会儿，经过了三四站，就看到了课堂上老师讲的天安门和天安门广场、人民英雄纪念碑、人民大会堂和毛主席纪念堂，我想让下车，可售票员没听懂我说的话（这也是我的无知），一直到前门大栅栏站我才下了车。下车后，我从南往北，慢悠悠地走着、看着，没想到看似不大的广场，越走越累。当走到天安门金水桥时，我看到了高大的红墙和悬挂着的巨幅毛主席画像，口中还默默念着下边的大字："中华人民共和国万岁，世界人民大团结万岁！"一种自豪感油然而生。我心想，终于来到了日思梦幻的地方，如果考不上大学，可能一生也来不了这地方。站在金水桥上放眼望去，广场很大，长安街看不到头，但行人不多，大部分是本地骑着自行车的人们，来回通行的主要是公交车，偶尔可以看到一辆吉普车。不知不觉，太阳已经下山了，我也走累了，就慢慢地往回返，直到王府井站台才上了公交车。上车后，我也不知道还要重新买票，就把来时买的票继续粘在嘴巴上，返回了北京站。

那时，北京站前东边还没有楼房，都是平房卖饭的，

1980年返校途中在北京站留影

我本来想买个盒饭，但每盒要 5 毛钱，太贵了，而且仅有的几片肉全是肥的，干脆到候车室喝点开水，吃点从家里带来的馒头算了。简单吃完饭后，实在太累了，就躺在候车室的椅子上睡着了。晚上 11 点左右，我刚醒不一会儿，正好开始检票，上车落座后碰到了两位学生模样的小伙子，一交流，方知一个叫王立国，一个叫杜亚军，都是到辽宁财经学院报到的新生，就像他乡遇故知一样，大家很高兴能同行，我们把座位调换到了一起，就这样一路交谈着，结伴而行来到了大连。

　　10 月的东北，寒气逼人，而且天黑得很早，到了大连的时候，已是下午6点来钟。下车后，天全黑了，而且浑身感到凉飕飕的，由于人多，我们几个伙伴也都被挤散了。跟随着人流，出站后我看到了几个大学新生接待站的牌子，唯独不见辽宁财经学院的，这可把我急坏了，正要询问，突然看到不远处有个桌子，上前一打听，果然是本校接待处。这时，有个女同学问了我的情况，我拿出录取通知书，她让我等待与后面报到的同学一起坐大车返校。后来才知道，接待我们的是七七级的同学，比我们早入校半年。当时，有个情节使我至今难忘，那就是有个叫王占全的同学，是我们县的，早我半年考入辽宁财经学院（七七级的），原本我们见过面，但不太熟悉，当时，我随口就问："接站的有个叫王占全的吗？"这位女同学就很热情地为我大喊"王占全、王占全"。不一会儿，王占全过来了。"老乡见老乡，两眼泪汪汪"，一见面，自然都很高兴，寒暄了两句后我就问："将来我们毕业是干什么的？"他操着普通话，滔滔不绝地给我讲，毕业后大部分人都会入职"中国人民建设银行"。这是我人生中第一次听说这个单位，没想到这个单位成了我和许多同学一生的职业追求。

大卡车在高低不平的滨海路上奔驰，从未感受过的海鲜味和深秋的凉意向我袭来，大约在晚上10点钟，我们一起报到的同学到达了目的地黑石礁，辽宁财经学院就坐落在此。我被分配到78-4班，住在校园里的后红楼112房间，在到达宿舍的那一刻，既兴奋又有趣。宿舍是 10 人一间，上下铺，我扛着行李进去，已有二三个同学入住。宿舍里的同学陆续到齐后，大家自报家门，相互认识，一共九位：有从上海、黑龙江考来的插队知青，有从山东、陕西来的民办教员，有从河北、山西和山东来的以工代干的机关、企业职员和工人，也有从吉林考来的应届生。印象比较深的是上海插队知青董沛霖，风度翩翩，很有才华，上知天文，下通地理，令人羡慕，果然，开班后他成了班级和系里的宣传委员。可能是太累了，我一觉醒来，已是第二天 7 点来钟，刚刚报到时的那种兴奋和新鲜感，一直洋溢在心头。

早餐的时间到了，没带碗筷怎么办呢？有同学说，可以先到食堂去借。起初，我用浓重的山西话讲，食堂师傅没听明白，后来改用生硬的普通话讲，"我要借一副碗筷"，惹得那位师傅哈哈大笑，就连我自己听了都不好意思。吃完早饭后，我到学校附近的黑石礁杂货铺，购买了生活必需品，然后就投入紧张的学习中了。

二 大学教学模式颠覆了我的思维和认知

报到后的第三天，各班第一次集中。我们基建财务与信用专业同级共分 5 个班，每个班 30 多人，来自全国各地。大家的年龄差距很大，最大的 35 岁，最小的刚 16 岁，稚气未退。应届生估计不到 10%，往届生中大约有 50% 经历了上山下乡，其余来自农村、部队和县级单位。受过高中教育的约占80%，"老三届"学生占约20%。可以说，大家的年龄结构、教育程度、来源构成都比较复杂。这样的基础如何同窗？如何教学相长？我一度沉浸在中小学的教学模式的认知里。

我班同学的基础条件相对较好，大部分同学都受过高中教育。辅导员尹玉强老师安排我做学习委员，起初我感到压力很大，因为大学以专业学习为主，这么多同学为什么安排我？论年龄、论资历、论能力、论出身，我有一种自卑感，究竟什么原因不得而知。管它呢，一切听从老师

入校时在辽宁财经学院门口

的安排吧！我想除了做好自身的学习外，主要是服务好大家，让老师和同学们放心和满意！

上课的前一天，学校组织了唯一的数学测试，地点在教研楼，题目不难，题量也不大，考试时间为1个小时，但有的同学半个小时就已交卷。我原来以为自己数学好，但这一比才体会到"人上有人，天外有天"。看来，比自己数学成绩好的同学大有人在，我暗下决心，一定要咬住学习不放松。

大学的学习模式，与中小学有很大不同，实践使我有了清醒和颠覆性的认识：中小学学习，主要靠老师讲课，学生以完成作业为己任，而大学是以自学为主、以老师辅导为助；中小学学习是以死记硬背为主，而大学学习是以理解和吃透精神为要；中小学学习主要是熟练掌握基础知识，而大学学习是理论联系实际，专业性特别强；中小学学习以小课堂讲课为主，而大学学习是合班授课较多；从培养的方向和目标看，中小学是以使学生全面掌握基础知识、基本定理、基本公式和基本法则为主，而大学是按专业方向培养专业、专注的高级管理和科研人才。

教学相长，师生互动，是大学时期的经常之举，而在中小学阶段我们则体验很少，有两件事印象深刻。一是在上政治经济学课时，老师讲了剩余价值的概念、商品和产品的异同、固定资产折旧和年限的算法、等价交换的依据等。老师按固定的模板授课、讲一些抽象的概念，一些同学对此不太满意，并提出了自己的观点。从同学们的提问和举例看，我觉得有理有据，能够自圆其说，看来师生之间理解上有差异。通过师生互动和交流，大部分同学从中受到了启发，尤其对我这种思维比较传统的人来说，触动更大。二是在上经济地理课时，老师出了一个辨析命题，要求对"上海宝钢建设选址是否合理"进行论证，拟由基建经济系和商业经济系各选三个辩手上台辩论，基建经济系为正方，商业经济系为反方。我有幸作为基建经济系七九级（那时我已病愈返校到七九级）的三个辩手之一，参与了全程辩论。当时，气氛特别热烈，大家轮流上台，

1980年夏天，与几个大学同学在旅顺口
（后排右二为作者）

唇枪舌剑，从地质水文、气候形成、环境污染、原材料价格及供应、国外经验教训等方面，围绕建设是否必要、经济是否合理、风险是否可以规避，进行了深入浅出的正反两方面的论证，从而使同学们对此问题有了一个全面细致的了解，也使大家增长了许多在自然科学、社会科学、经济科学方面的知识。类似这样以自学为主、以讲为辅、师生互动、专业点评、同学相互切磋的学术活动，在校园内外搞得既轰轰烈烈，又扎扎实实。

三 休学没有摧垮我的意志

大学时期的学习，对我来说并不是进了"红色保险箱"——一切安好，而是一种更加严酷的激励和倒逼。当时，我的家庭经济条件困难，加之刚刚入学学习的负担和体能训练加大，使本就身体虚脱的我很难支撑。可以这样说，如果没有国家助学金和亲友帮我渡过生活难关，那么我的学业将难以为继。

"天有不测风云，人有旦夕祸福。"在上大学的第二年，文化课的学习进入紧张阶段；体育课上增加了许多体能项目的考核测试，比如短跑、长跑等。由于整天吃不饱，我总觉得很饿很累，加之，备战高考时已严重透支的体能尚未恢复，我很难适应这样高强度的体能消耗。1979年3月初的一天，我们班刚上完体育课，在返回坐落于山坡上的后红楼宿舍时，我跑得很快很猛，一不小心绊倒在石头台阶上，稍等起来后便觉得腰背特别疼痛。开始几天虽然很疼但我没有在意，一个月后感到肺部、腰部疼痛严重，实在扛不下去了，我就到大连第三人民医院做了检查，先是确诊有胸膜炎、胸腔积水，之后拍片子照了腰椎和胸椎，诊断结果为胸腰椎骨折伴随骨结核，需要住院。我把这个信息告诉了宿舍里的同学和辅导员老师。在老乡王立国等同学的热心帮助下，我住进了大连第三医院，胸膜炎很快就被治好了。接着，医生又在我的脊椎和腹部位置做了两次大的手术。此时我的身体元气大伤，特别在思想上受到了沉重的打击。如果没有王立国、卫章荣、王占全、王华等老乡同学的热心帮助，没有同班李东阳、苗天祥、庄心

1979年8月，手术后与老乡同学在一起
（右起：王立国、吉卫民、卫章荣、王占全、作者）

一、董沛霖、俞向宁、蔡玮等同学和老师的安慰、鼓励和帮助，没有大哥许玉斌来大连专门陪护和精心照料我一个多月，按医生的说法，我有可能已经站不起来甚至离开人世了。

伤筋动骨的我，不得不休学回到老家——山西芮城。休学的日子是难熬的，除了术后伤口上的疼痛难忍外，我在精神上也背负着沉重的压力。因为大连的医生讲，如果恢复不好，弄不好将来会瘫痪。在肉体和精神双重磨难的挤压下，自尊心很强的我，一度悲观、消沉、失望，甚至产生自杀的念头。我不愿给父母和亲人增加负担，不想给同学和社会增加谈论的话题。后来，偶然翻阅到上大学前我在一个笔记本上写的保尔·柯察金的一段名言，使我重新鼓起了生活的勇气："人的生命是宝贵的，一个人的一生应当这样度过……"我不假思索，托人从县文化馆借来了《钢铁是怎样炼成的》这本书，仔仔细细又精读了一遍，反复琢磨保尔的经历，人家能战胜那么大的艰难困苦，我为什么不能呢?! 同时，回到父母身边，二老经常劝我："不要着急，慢慢会好的。"特别是母亲每天将家里最好吃的细粮节省下来给我吃，借钱给我买鸡和鸡蛋、给我买炼乳、给我煮小米粥等，在家人的悉心照料下，我的身体逐渐康复，也重新找回了丢失的信念。我在心底发誓：一定要站起来，活下去，还一个崭新的人生！

"失去的时间要找回来，落下的功课要补上来。"我是这样想的，也是这样做的。身体稍好后，为了继续学业，休学期间我坚持自学"政治经济学"和"英语"两门必修课，并将每节课后的思考题和作业全部做了一遍，以应对返校后的考试。经过半年的疗养，我的身体逐渐恢复，也彻底消除了精神负担。我在老家芮城县人民医院和大连第三人民医院分别进行了复查，复查结果很好，就连为我做手术的主治大夫看后，都感到十分惊讶，没想到我恢复得这么好，他说我"真是个奇迹"，可以正常完成学业了。就这样，在1980年的夏初我恢复了学业。但是，按照学校的规定，我必须降一级，与七九级同学一起上课和毕业。之后，我被分配到了79-1班，大班级调整后，我又到了79-5班。令我高兴的是，学校为我举行了三门单独补考，第一门是政治经济学考试，我的成绩居然达到74分，比在校学习的许多同学还高；第二门是英语考试，我的成绩也合格了；第三门是体育考试，我也顺利过关。自学的成功，也令我自己、家人和一些同学由衷地高兴。

四　勇闯学习和学术一流

"一寸光阴一寸金，寸金难买寸光阴。"经历了休学的磨难，我对大学时光和人生更加珍惜，唯恐浪费时间的分分秒秒，把全部的心思都用在了学习和知识的追赶上。因此，对老师讲的每一堂课，我都会认真听讲和做笔记，下课后抽时间温习和理解笔记内容，如有疑问，立即找老师或同学请教或讨论，直至消化；为了便于记忆，我还将有关课程的主要内容编成口诀、流程图或重点指引（类似现在的PPT）；周末从不休息，见缝插针阅读课外资料和案例，以拓展自己的知识视野。

令人难以忘怀的是，在大学最后两年的寒暑假里，为了节省路费，也为了多学点知识，我舍弃了与家人团聚的机会，一直留在学校追逐着自己的"学习梦"：先后预习了每个新学期要学习的各科内容；根据本系师生近年来发表的学术论文，编辑了《基建经济系教学参考资料（第四辑）》；购买了一套日语教材，自学日语；等等。总之，我尽量使自己的假期生活充实。令我没有遗憾的是，到了七九级后，我的各门必修课，包括会计原理，建设单位会计、施工企业会计、建筑工程概论、工程预算、基建拨款等，成绩全部在90分以上；各门选修课包括运筹学、统计原理、经济法等，我都顺利通过相应考试。

特别值得一提的是，在"计算技术"这门课程的学习上，我花费了许多功夫，加强手指练习，效果也很明显。所谓计算技术，实际上就是打算盘，为了掌握这门技术，我反复背诵加减乘除的算盘口诀，牢记于心。尤其在手指运用上，我苦练基本功，我的响应速度、灵活度和精准度都得到了很好的锻炼。我记得，在基建经济系组织的七九级同学计算技术比赛中，全系5个班100多人参加了比赛，我获得了二等奖（第三名）。系里奖励了我一本书，更加深了我在学习上的兴趣。

学以致用是学习的最终目的。为了将自己所学的基础理论和专业知识运用到社会实践中，我还经常到学校的图书馆，结合所学，收集资料，撰写学术论文。比如在学习了"建筑工程概论"和"工程预算"等课程后，结合在图书馆查找的有关案例，我撰写了论文《从建筑材料价格上涨看项目工程的造价》，发表在辽宁省建工局主办的《建筑工程通讯》杂志上；在学习和实习了"工程预算"课程后，我撰写了论文《试论基本建设投资大包干》，发表在中国社会科学院主办的《经济研究参考资料》杂志上；在学完了"基建拨款"和"经济法"等课程后，我撰写了毕业论文《试论固定资产投资的经济立法》，发表在财政部科研所主办的《财政研究资料》上。由于在学术研究上小有成绩，我被吸收为辽宁财经学院经济学会会员，而且应邀为全系同学作了《论文的选题》的专门演讲，并获得了"第三届基建系学生科研优胜奖"。

五 实习出"真知"

大学期间，实习是必不可少的，作为文理科互相渗透的财经院校，也不例外。根据所学课程的要求，我们先后进行了两次实习，每次实习都有新的发现，更有新的感觉。

第一次实习，那是在 1980 年的冬天，我们一行 5 人去沈阳实习"工程预算"，作为实习小组的成员之一，我和陈玉键同学被分配到建设银行铁西区城内支行，实习的主要内容是审查工程预算项目。行里交给我的任务是审查两个工程项目：一个是辽宁省纺织品宿舍大楼土建项目；第二个是沈阳造币厂工业厂房项目。特别在第一个施工图预算项目审查上，花费的时间较长，审查相对较仔细。我记得整个项目造价是 80.3 万元，但高估冒算，我就砍了它 20.3 万元，约占总造价的 1/4，令施工单位、建设单位和建行三方都很震惊。当时，作为一个实习生，受城内支行马行长委托，我代表建设银行进行了三方（建行、施工单位、建设单位）会审。据行里同事讲，这在过去是没有过的，应该说是建行对一个实习生的高度信任，也是对我个人业务能力的充分肯定。我记得施工单位曾派两个预算员与我逐项核对，结果他们输了。因为他们在工程量的计算上，在定额的套算上，有 20 多处均存在高估冒算、套高不套低的问题。会审结果是，三方终于按照我审查的要求签署定案协议。返校后，系里统计了我们这次实习"工程预算"的结果，考虑到我是审查预算较为突出者之一，系里决定请我专门给八〇级及以下的同学谈了一次学习体会。实践使我对"赚钱不赚钱，就看预算员"这句话有了深刻的认识。作为代表国家形象的建设银行，要有过硬本领，剔除高估冒算，制止不合理支出，严格把关，为国家减少损失。

第二次实习是 1982 年 12 月 6 日至 1983 年 1 月 16 日，学校安排我们到有关省市建行实习基建拨款 40 天。我们 79-5 班被分为五六个小组，我和崔明辉同学带一小组到建设银行承德市分行实习，成员有姚启凡、陈玉键、汪细民、郭振南、李克源等 8 人。当时，正值数九寒天，北方的天气太冷了，室外温度在 -15℃以上，如果戴眼镜进入室内，什么都看不见了。我们一行大部分都穿着棉裤和棉大衣、脚上穿着布棉鞋，就这也感觉不暖和。我清晰地记得，学校给我们订的是慢车票，从大连出发到承德大约用了 17 个小时。由于车厢里没有暖气，我和二三个同学都冻感冒了。在实习的 40 天里，建设银行承德市分行的许多同志对我们都很照顾，分管行长赵文艺热情接待了我们，专门召开欢迎会问长问短、问寒问暖，并给我们配备了实习的指导老师。老师姓庄（记不清了），是一位业务娴熟的老科长，他顾不上瘫痪在床的妻子，废寝忘食，经常带领我们到一些企业或正在建设的项目中去，帮助我们了解进展情况，熟悉建设流程，掌握工作要领，不厌其烦地传授我们知识和技能，使我们明确了办理基建投资的"四按"（按计划、按支出预算、按程序、按形象进度）拨款原则、实施"两管三办一监督"（管理基本建设支出预算和财务，办理基建拨款、结算和放款，实施财政监督）的工作职责和"守计划，把口子"等相关规定和要求。

40 天的拨款业务实习不知不觉就要结束了，建设银行承德市分行为我们实习生举行了一个隆重的欢送会，我也代表实习的全体同学讲了三个"难忘"：一是业务上，指导老师的专业专注、精益求精的技能令人难忘；二是生活上，行领导对我们无微不至的关心和照顾令人难忘；三是作风上，许多同志坚持原则、扎实工作、实事求是的态度令人难忘。欢送会上，行领导和指导老师也对我们实习同学的表现予以充分的肯定和表扬，说我们这批实习生政治素养好，职业道德高，虚心好学，专业探索潜力大，是历次实习生中很少见到过的。带着满满的收获，按照原先确定的计划，我们依依不舍地离开了实习所在地。

"时光不停留，一去不回头。"四年的大学生涯，像白驹过隙一样。这时的我，突然不想毕业，还想继续学习。原本想考研的我，心里特别矛盾：继续深造，家庭的经济条件不允许；随大流毕业，又觉得知识不够充实。权衡再三，还是早毕业、早就业、早挣钱，这样早踏实。

1983年春节过后，按照学校的安排，我们这一届同学进入毕业的冲刺阶段。在放弃了考研之后，我与大部分同学一样，投入紧张的毕业论文的撰写中。我发现，越是临近毕业，同学们把时间抓得越紧：有的在教室加班加点，废寝忘食写毕业论文；有的钻在图书馆查找资料或写东西；有的上了学校附近的二尖山，在树林中背英语或其他，似乎要考研究生；有的躺在宿舍看书或思考着什么。总之，大家很少聚在一块儿玩耍，很少去海边遛公园，也很少逛商场、压马路。可以说大家都在努力做好毕业前的各项准备，争取为大学生活画上一个圆满的句号。当然，我和大家一样，珍惜着这最后的时光，每天照常早起晚睡，查找资料，加紧撰写毕业论文。果然，"功夫不负有心人"，我

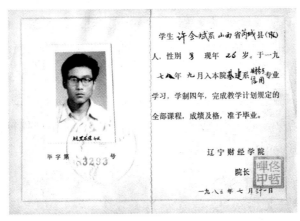

大学毕业证书

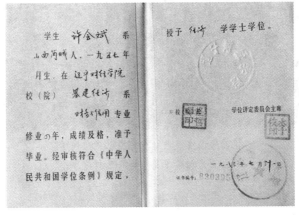

大学学位证书

的毕业论文获得了"优秀"！

眼看着就要毕业离校了，辅导员闫福田老师找我们每个同学谈话，绝大部分同学都表达了服从组织安排的态度，当然我也不例外。记得闫老师与我谈话时问我，毕业后想去哪里？我毫不迟疑地说了一句话："服从组织分配或回山西老家。"谈话时间没超过 3 分钟。我想，自己是一名共产党员，也是从农村来的，是国家的助学金培养了我，不能给学校添麻烦。在此期间，也有亲友来信问我的毕业志向，我都不假思索地做了回信"服从安排，听天由命"。没想到，后来竟然被分配到北京的中国人民建设银行总行，真是令人喜出望外！

1998年国庆假期时，与大学同班同学
在北京相聚（前排右一为作者）

第五篇 | **我做秘书的日子**

我没想到，在我的职业生涯中，两度做了秘书。我与秘书工作有缘，秘书工作使我成长，做秘书是我的荣耀。

一　在公社办公室做秘书

古代名联有："事业从五伦做起，文章本六经中来。"意思是要做事先做人，要做人先把"五伦"关系，即君臣关系（领导与被领导）、父子关系、夫妻关系、兄弟关系、朋友关系处理好，这是做事的前提和基础；要写好文章，古人认为必须将"六经"（《易》《诗》《书》《礼》《乐》《春秋》）学透弄懂，写文章时才能得心应手。在公社三年多的基层锤炼对我一生的影响很大。

1975 年 1 月，我从芮城高中毕业后回到了许八坡村，一个月后东垆公社团委任命我为大队团支部书记。这个许八坡大队包括许八坡、三甲坡、杨家寨、桃红坡 4 个自然村，当时共有 10 余名共青团员，50 多名适龄青年。上任 5 个月，我主要抓了三件事：一是建立健全了团支部的班子，明确了工作分工和当前的主要工作任务；二是开设了全公社第一个乡村图书室，并创办了全县唯一的乡村杂志《许坡青年》，以展现乡村团员青年的火红生活和精神风貌；三是发展了一批优秀青年加入团组织，大约有 10 人，壮大了带头拼搏的青年骨干队伍，使乡村充满生机和活力。另外，我还挑灯夜战（那时村里还没有电灯），加班加点写稿，多次被芮城县人民广播站和运城地区广播站采纳，并被聘为芮城县委特约通讯员。正是由于个人的突出表现，许八坡大队团支部被评为全公社先进团支部；我被评为芮城县优秀团员并受到表彰。1975年6月，我又被大队推荐到东垆公社作为借调驻队干部。一个月后，公社党委又在我们借调驻队的30名干部中遴选一位秘书，很荣幸我成为两位候选人之一，并最终竞争成功。

上任第二天，我就搬进了公社大院的单独小房间，那年我刚17岁。第三天，我就陪着公社书记陈勿听，拉着架子车（小平车）上山运石头。上山运石修堤坝，是公社党委做出的重要决定，全社各大队、社直各单位都有任务。陈勿听书记总是身体力行，率先垂范，这在乡镇一级的干部中是不多见的。他不仅自己带头去做，而且要求身边的工作人员跟着做。小时候，虽然在村里干过许多农活，包括挑水、拉粪、割草、拾柴等，但是用小平车拉很重的石头，且没有牲口助力，这还是第一次。我们要去采石的地点在三四公里远的西陌乡辖属的中条山跟前，虽然是拉着空车上山，但一路都是上坡路，很是费劲，大汗浸湿了我的全身，赶到目的地时已是口干舌燥，突然我看见山涧处有不少无花果树，红青交映，垂涎欲滴，便想去摘。陈书记看到后，马上笑着对我说："会斌，果子不要随便就摘，这些都是生产队里种的，如果被人看见，我们就有麻烦。"听了领导的一席话，我真不好意思。因为刚来到公社，也算个干部，就出现了这个念头，且被领导发现，我后悔我的念头不仅是一种不文明的行为，更重要的是反映了个人素质问题。我红着脸向领导做了个检讨，没想到领导却给我讲了曹操"割发代首"的故事，意思是不能违反纪律。返回公社后，我就一直在反思，今天的行为太鲁莽，以后一定要注意，不是自己的东西不经对方同意千万不要去伸手，这也是父母从小就告诫我的。尽管此事已经过去五十年了，但成了我一生的警示之钟。

陈勿听书记，当官不像官，廉洁奉公，影响了我的一生。老领导年龄不算大，那时就是四十七八岁。他文化程度不高，但理论水平很高，曾是县委党校的教员；讲话很幽默，也很透彻，批评人一针见血；公社虽然离他家不足5公里远，但他常年不回家，就连星期天也未休息过。他经常给我们身边的人说的一句话是："革命加拼命，拼命干革命。有命不革命，要命有何用。"他是这样说的，也是这样做的。有一次，他老家亲友想找他为自己孩子谋份工作。他说："我在公社工作，这里全是社办人员，我还准备裁减一些人员，你能干个啥？至于县里的合同工，我与县直各单位联系很少，你又没有文化，还是回家种地去吧。"几句话说得那个亲戚无地自容，从此再没找过他。还有一次，有个村干部申请报批院基，拿了一盒点心、几盒烟，他一看就不高兴，瞪大了眼睛说，"你这是干啥，我又不管批院基，东西你拿走，否则开会我就点你的名"，弄得这位村

东垆公社原党委书记陈勿听同志

干部灰溜溜的。老书记的话，虽然是讲给别人听的，但让我永远记在了心头！

1975年下半年的一天，县委宣传部听说他在公社所在地东垆村驻队，与同村的老百姓一样挑大粪，就给公社办公室打电话，要求整理一下"书记挑大粪"这个好材料。当时老秘书工作太忙，公社人手又很紧张，老秘书就给县委宣传部打电话的同志说，"你们派个同志来吧，我们忙不过来了"。没想到，县委通讯组的同志说，"我给你们推荐一位能写的同志，他叫许会斌，是许八坡大队的团支部书记。"老秘书赶紧找到刚刚来公社报到的我。就这样，我对陈书记驻队挑大粪的详细情况做了调研，写好材料后，送到了县委通讯组，后来此篇通讯在芮城县人民广播站播出了，反响很大。在写这篇通讯的时候，我就在想，作为公社的掌门人，不怕苦、不怕累、不怕脏，像一家之主，能与农民兄弟一样，心往一处想，劲往一处使，汗往一处流，实在难得，他不仅是所有乡村干部学习的标杆，更是我这个刚踏入社会的青年一生的榜样。

东垆公社是芮城县 15 个社镇之一，地处全县的东部，南依黄河滩，北靠中条山，七沟八梁平原少。公社所在地是 20 世纪 60 年代黄河蓄水移民上垣的东垆村，全社不过两万人。这里"吃水贵如油、提起人人愁"，十年九旱，整天在战天斗地，"农业学大寨"。1976 年春季，由于去冬无雪，整个芮城县的许多乡镇都时值大旱，春耕无法进行，维持生计的主要农作物小麦，干结枯萎。公社党委响应县委的号召抗旱保麦，作为公社秘书的我，白天要陪陈书记下乡调研，晚上还要向 18 个大队统计抗旱保麦的人数、挑水的担数、浇地的亩数、长势恢复的情况等。由于过去各大队与公社联系的唯一通讯方式是固定线摇叫电话，所以我经常忙到晚上 10 点以后，有时连饭都吃不上，最后还要把统计数字向公社领导和县委农政部汇报。为了及时反映情况，鼓舞士气，许多时候还要加班加点撰写《情况反映》和《抗旱通报》。原以为秘书就是围着领导提个包、端茶倒水，帮忙做些事务性工作，没想到工作内容还这么多、这么辛苦。许多时候我也在想，如果不来公社做秘书，还不是要在农村滚一身泥巴，出一身臭汗，比当秘书还要累。况且，在哪里都得干，都得使劲去干，这也是我当初高中毕业时的豪言壮语，我绝不能食言。每当想到这里，浑身就充满了战斗的激情。就这样，日复一日，年复一年，持之以恒，扎实工作，我那无怨无悔的拼劲，得到领导和同志们的赏识。这时，有同事就提醒我加入党组织。于是，我就向党组织提交了入党申请书。我要用更严的要求、更高的标准多做工作，做好工作，为自己最崇尚的事业贡献火热的青春、壮丽的年华。

1976年7月28日，河北唐山发生了大地震。远在千里之外的我们芮城县东垆公社居民，也感到震惊。当时我们在公社只是听说唐山地震强烈，死了很多人，但具体情况不得而知。根据县里通知要求，公社领导指挥我们：一方面请社直人员搭建好自身的简易防震棚；另一方面通知全社各大队村民备好临时避难设施。在防震抗险的一个多月里，我几乎没有睡过一个囫囵觉。因为陈书记有个习惯，每个晚上前半夜都在工作，后半夜才入睡。他不睡觉，我也睡不成，只能陪伴他，整理资料，统计各大队上报的情况，然后给县里有关部门写情况反映。恰在这时，县里又很重视秋收工作，我多次陪着陈书记坐着拖拉机（那时没有汽车）到附近的公路两旁，查看即将成熟的玉米等秋粮。正是在公社党委和各大队的共同努力下，东垆公社当年的粮食就获得了大丰收，进入了"大寨公社"行列，为全县建设"大寨县"、支援灾区做出了应有的贡献！这些看似平常但意义非凡的举措，诠释了"一方有难，八方支援"的共产主义精神，给我上了一堂活生生的人生教育课。

1976年1月8日周恩来总理逝世、7月6日朱德委员长逝世、9月9日伟大领袖毛泽东主席逝世，噩耗传来，全国震惊。我们心里非常难过，简直觉得天都要塌下来了，不知所措。根据上级安排，需要在公社所在地举行统一的悼念大会。说实话，当时我的心情特别沉痛，但具体的工作还得由我和一些同志去组织：一是负责通知各社直、各大队主要负责人参加大会（由于当时许多单位和大队电话坏了，需要我骑上自行车逐一通知）；二是组织人员购买花圈、布置悼念会场等，我忙得晕头转向。尤其不能忘记的是，给许八坡大队（本村）送通知的那天晚上，由于电话打不通，第二天还要开会，在晚上 10 点多钟，我不得不骑上自行车回去通知。许八坡处在黄河滩边，离东垆公社大约有 8 华里，且有 1.5 公里长的崎岖大陡坡，坡路两旁被高高的丘陵梯田遮挡着，晚上安静极了，就连蚊子的嗡嗡声也能听得清清楚楚。过去十几年我虽然总走此路，但基本上都是白天或是天刚刚擦黑之时。由于年纪轻、胆子小，害怕走夜路，我竟然骑上自行车没有下来，自行车像脱缰的野马，飞驰狂下，差点车毁人亡。我回到家，父母早已入睡，还把他们吓了一跳。父母问我："为什么这么晚才回来？"我向老人家说明了原委。第二天一大早，我又急忙回到了公社，确保了悼念活动的顺利举行，此时，我的心里也长长地舒了一口气。毛主席去世后，我和全国人民一样，期盼着国家的安宁，祖国的强盛。1976 年 10 月 6 日，党中央一举粉碎了"四人帮"，大快人心，奠定了拨乱反正的基础。我和我的同事举双手拥护，即刻投入打倒

"四人帮"和为"四个现代化"做贡献的工作中。

1977年初，县委、县政府要召开"三干会"（即大队、公社和县级三层干部会议），总结上年工作，部署新的一年任务。作为秘书的我，既要准备领导的发言稿，又要负责东垆公社参会30多人的会务工作。特别在准备会议材料时，让我吃了不少苦头，学到了在课堂上学不到的东西，可以说在参加会议前的十天时间里，我几乎不分昼夜连轴工作。起初，我根据领导提供的口头意思草拟了报告，总结了当年工作的经验教训，特别是对粉碎"四人帮"后当年的各项工作安排。但是，由于自己实践经验不足，领导两次返回了我拟写的报告，并提出了大幅修改意见。在领导的具体指导下，最后总算过关。说老实话，像这样的大报告，我在公社还是第一次经手，也从领导身上学到了许多宝贵的实践经验，更看到了自己的差距和不足，为后来自己的持续学习和工作提供了努力的方向。

粉碎"四人帮"后，各行各业都在走入正轨，对我个人来说，也迎来了一个契机。10月下旬的一天晚上，我正在起草领导的广播稿，突然有人喊我到小会议室去一下，来后才知道党支部要研究我的入党申请问题。按照有关程序，我读了入党志愿书，然后进入讨论阶段，最后进行了表决。我听到主持人讲"全票通过"，然后上报上级组织审批。半年之后，也就是1977年6月26日，公社党委正式批准我加入中国共产党（那时还没有预备期），我也是三个申请人中唯一被批准入党的。那天晚上我失眠了，我在想，从今天开始，我就是党的人了，"我要把有限的生命，投入到无限的为人民服务之中去"，为共产主义奋斗终身！

1977年八九月间，东垆公社发生了百年未遇的洪灾。大雨下了一个多星期，接着山洪暴发，上曹庄、下曹庄、柿子园、梁家汆等六七个村庄的地窖子院（当地人在平地向下挖土开出的院子和窑洞）被大水漫灌，幸亏无人员伤亡，但是许多家园被淹没了，不少牛、驴、猪、羊和家禽等被闷死了，几百亩秋粮被毁，公路、马路中断，灾情严重。得知此情况后，公社党委心系百姓，专门派工作组分赴灾区抢险救灾。陈勿听书记一马当先，让我骑自行车带着他，直奔灾情最严重的柿子园村。在距该村1公里的地方，由于路基彻底被摧毁，我俩不得不放弃自行车，步行前去，当路过一段沼泽路面时，突然我俩的双腿都陷入了30多厘米的泥潭中，我年纪小、身体轻，能够自由抽出，而陈书记年纪大、身体重，越陷越深，当我把他拉出来后，他的凉鞋已经深陷在泥潭中，后来我又返回帮他找回凉鞋，这时我俩都满身是泥，就这样我搀扶着他一步步走到了村庄。尽管我们如此狼狈，但书记还是一方面了解情况，给受灾群众打气送来党的温暖；另一方面，与村干部一起指挥村民开展自救，重建家园。看到满身是泥的陈书记和我，在场的村干部和群众都深受感动。这件事，虽然过去了四十多年，老书记也在 20 世纪 80 年代初因病去世，但他的音容笑貌、率先垂范的行为和作风，一直在感染和鼓舞着我，使我能在不同地方、不同环境、不同层级的普通岗位中脚踏实地，默默奉献。

二 给总行领导做秘书

1983 年 7 月，我从辽宁财经学院（现东北财经大学）毕业后被分配到中国人民建设银行总行。本以为按照自己所学的财务与信用专业，可以被安排到对口部门的处室工作，没想到被安排在综合计划部综合处专门做文字工作，主要给行领导写报告，对上向国务院和国家有关部门草拟《建设银行情况反映》，对下向各分行编发《建设银行简报》和《每日动态》。后来，在 1985 年 9 月至 1986 年 2 月，我又被抽调参加国务院大检查工作组，赴浙江进行税收、财务、物价、外汇大检查。在此期间，我不仅了解了相关业务和实践知识，更重要的是有机会向参加工作组的各部委同志学习一些优良作风、领导艺术和工作方法。我坚持默默努力工作，积极主动完成领导布置的任务，在向财政部报告的 20 多期检查简报中，有一多半的初稿出自我手。值得一提的是，被分配到总行工作仅两年半的时间，由于工作出色，1984 年和 1985 年连续两年我被评为总行优秀共产党员和先进工作者。1986 年 2 月，在完成国务院大检

1985年9月，去浙江杭州参加国务院大检查工作组时

查工作组工作后，我返回了总行，3月经总行党组研究，我被选调到行长室工作（原来叫值班室），担任总行党组副书记、副行长周汉荣同志的专职秘书，没想到这一干，就是三年半。可以说，组织上的安排为我职业生涯和后来人生的发展提供了难得的转折。

（一）值班守岗，增强了我忠于职守的责任心和服务观念

那是 1986 年的 3 月初，办公室主任侯俊华同志找我谈话，明确了去值班室工作的主要任务和要求。按照组织的安排，我二话没说就去值班室报到。原来，这次值班室人事变动很大，进来我们四位，出去三位，由金学理同志全权负责值班室的工作，庄心一、我、刘元生、王启新分别负责四位行领导的有关服务事宜。我没有想到的是，我们几位专职秘书除了需要服务行领导外，还要负责值班工作。值班工作不是值一天，而是每次要轮值一周，每天都是 24 小时，大约每两个月要轮换一次。办公室主任对我们说，你们几位到值班室，都是党组精挑细选出来的，所以要充分发挥"三服务"思想，即为领导服务、为各部门服务、为各分行和基层服务，实际上是为值班室这个特殊岗位和职业进行了定位。但我在进值班室前，对其主要职责并不了解，加之行内有个别员工认为，"值班室的工作，就是为领导端茶倒水、提包护送、值班看门"，话说得很难听。在经历了一个礼拜的值班后，我深感这项工作内涵丰富，责任重大，不仅要记录每天昼夜发生的大事，而且要及时报告和处置，这就要求我们值班室的同志，要有高度的事业心、责任感和服务意识。

值班室的工作是紧张、严肃的，也是复杂和烦琐的。

在值班室工作期间，有两件事至今难忘。第一件事是总行党组副书记、副行长周汉荣同志的公文包意外丢失。那是1987年10月的一天下午，当时我和刘元生、甘崇武两位秘书正在我们的办公室看文件，突然周汉荣副行长急匆匆推门问我："你看没看到我的公文包？"我就问："包在哪里放着？"他说在自己的办公室，我说没看见，这时他就很着急。可以想象，大事发生了。因为总行那时没有独立的办公场所，办公租用的是寿松饭店，副行长每人都有一个标准间的独立办公室，通常都不关门上锁，整理卫生全由服务员负责。那天下午，几位行领导正在会议室开会，中间休息的时候，周汉荣副行长回到自己的办公室，发现公文包不见了。据周汉荣副行长说，包内有出国护照、少量美元和人民币等，没有重要文件。但这毕竟是高级干部的办公室失窃物件，总行一把手周道炯行长立即部署，通知了四级公安机关（包括公安部、市公安局、海淀分局、万寿路派出所）到行里来尽快破案，并要求封闭大楼，任何人不得出入。公安机关人员来后，勘查现场，个别谈话询问，方才让已经下班的大部分人员通行，唯独不让值班室的同志下班。因为公安部门的同志怀疑，内鬼就在我们值班室的人中间，搞得我们都很紧张。他们让值班室的每个人交代：几点几分都在干什么？谁是证明人？一直到晚上十点半内鬼也未查出来，最后才不得不将值班室的同志放回去，遗憾的是最终也未查出结果。令我难过的是，我是周汉荣副行长的秘书，没有看护好领导的公文包，心里很是内疚。从此以后，我时时、处处、事事都很小心，要求自己不仅要做好为领导、为大家的服务事项，而且要做好领导的"警卫"工作，强化责任和担当。特别是在以后的值班期间，我对自己要求更为严格、更为谨慎、更为细致和认真。

第二件事是在值班期间接待上访事宜。上访历来是一个非常复杂、棘手的政策性问题，也是令各级领导很头疼的问题。按照职责定位，行长值班室不负责接待上访者，而是由信访部门处理。但是，基层银行的上访人员，根本弄不清楚由谁具体负责专项工作。有上访人员说："作为建行的值班室，你不接待谁接待？"在值班室工作的三年半时间里，我就多次遇到过类似的情况。记得1987年10月上旬，有某某省建行来京上访的夫妻俩，整天在总行门前大吵大闹，有一天晚上正赶上我值班，他俩就冲进了值班室（晚上没有保安）向我哭诉。我也没有任何准备，但还是耐心地接待了他们，被动地听取了他们的诉求。完后，我告诉他们：值班室不负责上访工作，我可以将你们的诉求反映给信访部门。第二天，我将两位上访者的情况向信访室的同志专门做了汇报。信访室的同志后来接待了他们，并将相关情况转告有关省分行处理。至此，那两位上访者再也没有来过，说明得到了妥善处置。对于这件事，自己虽然只是个传话筒，但我觉得事关建设银行的形象和声誉，我印象很深，也给了我诸多启示。一直到后来，我先后担任了总行两个部门的总经理、河南省分行行长、总行高管、建信基金管理公司董事长，其间，也发生过类似的上访事宜。为了稳定大局，我对每一个、每一次上访，都没有采取敷衍塞责、推诿扯皮的态度和做法，而是本着耐心接待、认真处理的原则，基本上没有发生过偏激的行为。因为我非常理解他们，这是后话。

（二）领导的言传身教激励着我成长

担任秘书后，起初我感到压力很大。因为周汉荣副行长不仅仅是银行方面的专家，而且是建行培养出来的年轻有为的、卓越的领导者和开创者。从建设银行成立之初，他就一直在本系统工作，时间长达四十四年，其中担任总行党组（党委）副书记、副行长近十七年。他的政治素养很高，政策观念很强，业务相当精通，思路非常敏捷，知识视野开阔，工作经验十分丰富，作风又很扎实，分管的业务部门又多，所以给周汉荣副行长当秘书，既是一种难得的学习机会，同时也面临着难以适应的问题。三年半的秘书生活，证实了我的预判。当然，领导也给了我勇气、力量和智慧，鞭策和鼓舞着我在各方面逐步成长。我学到了书本上学不到的东西。

一是领导的严格要求，是我廉洁奉公的表率。到周汉荣副行长身边工作后，我发现他对自己、对亲友、对

中国人民建设银行党组副书记副行长周汉荣同志

身边工作人员要求都很严格。三年半的总行领导秘书生涯中，我没看到他收过任何人的礼品，没看到他的家人坐过一次他的公车，没看到他的亲友沾过他一次光。即便回到江苏溧阳老家，他也没有让亲友到宾馆或公用食堂陪他吃过一次饭，也没有见过他请托为亲友办过一件事。每次我们出差回来，也没看见分行送过他什么纪念品。即便是退休多年，他还是那么以身作则，严以律己。每次我去看望他，他总是认真听取我的工作汇报和生活情况，其间，不时插上两句鼓励或针对热点、焦点、难点和敏感话题的提问，也不忘提醒我要严格要求，继续努力工作。他不仅对自己和家人要求严格，而且对身边工作人员，包括秘书、司机、办公室的同志，也都是一样。他的言传身教，严以律己，是我几十年来始终效仿的榜样。

二是领导对下属的关心和体贴，使我工作充满活力和动力。1986 年 5 月，总行任命了一批科长，我们一块儿被挑选到值班室的三位行领导秘书都被任命了，唯独没有我。后来办公室领导与我谈话时说，"你的表现很好，而且是总行唯一连续两年的优秀党员和先进工作者，但由于你工作刚满三年，工龄太短，所以就等下批吧"。这时我就把自己早在上大学前已经在公社工作了三年半的情况进行了汇报（总行当时还未认可，也没有按有关规定办，直到 1994 年才落实了政策）。后来周汉荣副行长知道此情况后，据说为我讲过公道话，总行才在 1986 年 7 月任命我为科长，为此我深受感动。周汉荣副行长平易近人，关心下属，这在全行同志中都是有口皆碑、有目共睹的。1987年 8 月，我爱人生孩子时我在家待了一周，当时，正值岳母摔坏了腿，不能下地。我既要照顾月子中的爱人，又要照顾岳母，收拾家务，忙得不可开交。周汉荣副行长知道后，买了些水果和营养品，专门到家来看望。当时只有50 多平方米的房子里，住了我们祖孙三代人，那时我还没有分房子，领导看后很是不安，因为那时我已经是副处长的秘书了，许多像我这样级别的人都已经分上房了。领导说："你这样的实际情况为什么不向组织反映呢？"我说，组织问时再说不迟。领导的上门慰问和关心，使我深感不安，同时，也激励着我从不计较个人得失，用自己的青春和活力无怨无悔地工作着。1988年9月的一天，总行在黄山召开信贷工作座谈会。到会的第二天，我吃饭时不小心弄坏了牙，致使两天两夜都没有睡着觉，但我还是坚持着。直到第三天，开会记录时打盹，脸上无意中露出痛苦的表情，领导看出了我难受的样子，晚上吃饭后就询问了我的情况。我讲出了原委后，他就安排有关同志，让我先返京去治病。类似这样的情况还有，包括对其他同事也是一样，领导总是无微不至地关心和照顾，令下属们非常感动。

三是领导的开拓精神和决策水准，给我树立了无形的标杆。我当秘书的那几年，周汉荣副行长分管计划部、信贷部、财会部、国际业务部、中国投资银行、信托投资公司等九个业务部门，是几个副行长中分管部门最多的，而且主要业务、新业务都由他分管。因为入行时间长、业务精通、工作经验多、决策能力强，建设银行几次大的职能转换和业务拓展，他都是亲历者、开拓者、组织者和领导者。比如财政职能向财政、银行双重职能的转换，又由双重职能向商业银行职能的转换。特别是在1985年建设银行信贷计划全部纳入人民银行综合信贷计划的体制转换，以及1986年建设银行推出的开办居民储蓄业务、办理现金出纳业务、开拓国际金融业务的"三大改革"中，周汉荣副行长带领有关部门和有关人员大刀阔斧，谋划方案，立下了汗马功劳。作为周副行长当时的秘书，一方面，我亲历了领导的智慧和勇气、思路和奉献；另一方面，增长了许多见识。比如，在研究拓展建设银行"三大改革"时，我参加了由他召集的专题会议，那是 20 世纪 80 年代中期，市场经济理念初步确立，银行"一业为主，多种经营"局面形成。周汉荣副行长会同有关部门负责人，敏锐地意识到，全行要抓住机遇，运用信贷手段，全力推进预算内基建投资体制改革，利用存款发放贷款，开拓各种新业务。他继而建议：召开全行工作会议，专题研究改革发展问题。1986 年 7 月，建设银行在辽宁兴城召开全行工作会议，部署了开拓"三大业务"（居民储蓄、现金出纳、国际金融）的具体政策举措和要求，从此，全面拉开了建设银行完善银行功能、开拓金融业务的序幕。会上，行领导听取了代表的发言。会后，我整理了有关记录，并根据当时市场发展的趋势，撰写了有关文章，发表在当年的《投资研究资料》上。

周汉荣副行长十分注重调查研究。为了确保国际金融业务的试点工作稳步推进，他召集办公室、计划部、信贷部等部门，认真总结深圳、珠海、厦门三市开展试点的情况和问题。在此基础上，1986 年 11 月前后，他亲赴厦门召开座谈会，提出了"先易后难，先外后内"的方针，意思就是先从吸收外币存款、进行外币汇兑等业务做起，然后再做结售汇、外币贷款等业务；品种上，先开展做美元、日元业务，然后再扩展到其他币种；地域上，先从沿海、沿边、沿疆等有中外业务往来的地方开始，然后再扩展到特大城市和一些大城市。他的思路得到了与会分行同志的高度认可，而后在 1987 年 3 月，总行专门成立了外事部，行使国际金融业务管理职能；1988 年成立了国际业务部，至此，建设银行的国际金融业务如火如荼地开展起来。在调查研究的过程中，周汉荣副行长敏锐的眼光、清晰的思路和对建行未来发展高瞻远瞩、果断的决策，让我打心眼里佩服和高兴，也为有这样的领导指路有方、使我们年轻一代学有榜样而庆幸。

四是领导的理论水平和文字功底，我耳濡目染，受益匪浅。1987 年 3 月前后，中央党校《理论动态》约他写稿，题目是《控制投资规模的几个认识问题》。周汉荣副行长把任务布置给了我，给我讲了详细提纲。我按照他的思路，四处寻找有关资料，拟了一个具体的素材草稿。经过领导的周密思考和具体修改，文章终于发表了，效果不错。说老实话，如果不是领导给我的提纲具体且成功，如果不是经过他的修改润色，该文的高度、宽度和深度是很难令人满意的。通过整理领导的文稿，我从中学到了他的高瞻远瞩、视野开阔的一些思路、方法。实践使我深深体会到，在领导身边工作，各方面长进都很快。

理论动态 **706**

中共中央党校理论动态编辑部　　1987年4月20日

控制投资规模的几个认识问题

中国人民建设银行副行长　周汉荣

"六五"期间，我国在对外开放、对内搞活总方针指导下，加快了经济建设的步伐。在固定资产投资方面，投入了大量的人力、物力和财力。据统计，全民所有制单位固定资产投资总额达到5,300亿元，新增固定资产3,880亿元。建成大中型项目496个，完成更新改造项目20多万个。在完成的投资总额中，基本建设投资为3,396亿元，比"五五"时期增加1,054亿元，增长45.8%；更新改造投资1,746亿元，比"五五"时期增加902亿元，增长106.9%。整个固定资产投资增长幅度很大。"六五"期间固定资产取得的成就表现在：能源交通等重点建设得到了加强，现有企业更新改造步伐加快，基本建设中"骨头"与"肉"的关系显著改善，建筑业和基本建设管理体制改革取得重要进展。经过"六五"建设，我国的国力有较大的提高，据初步匡算，1985年我国工业的国民生产总值（净产值加折旧）约为1,500多亿美元（按1975年价格和汇率计

（总265）　1

中国人民建设银行总行副行长周汉荣同志发表
在中央党校《理论动态》上的文章（部分）

　　1986年11月前后，我随领导到福州参加全行财会微机应用鉴定会。当时周汉荣副行长在会上的讲话稿是由总行财会部和计算机中心两个部门分别提供的。开会的前一天晚上，两个部门将讲话稿送来。周汉荣副行长就让我把这两篇讲话稿的内容糅在一起，文章不要太长，但内容、观点和思路要体现操作性和超前性。由于领导没有具体给出整合意见，两篇讲话稿的内容很多，加之我对刚刚兴起的计算机知识又不太熟悉，所以要体现总行领导的精神有点吃力。但我还是硬着头皮，加班汇总

到第二天早上 5 点来钟，终于整理完呈送领导后，领导只是肯定了报告的架构、布局和重点内容等，但对其中的主要政策措施和文字的准确表达，他嘴上没说，显然是不满意的。上午 9 点开会，他没有完全按我整理的材料去讲，而是减少了许多内容，同时又增加了若干具体操作措施。我听后感到很是内疚和不安，但领导没有批评我，也没有再重复报告如何整理。这说明我在业务学习、理论功底、文字修炼上还有很大差距。从此以后，我再给他整理讲话、讲课稿时，就特别细心，反复修改，自己满意后再交给他。

三　秘书工作的感悟

两度做秘书的我，对秘书工作情有独钟。在基层当秘书，使我学会了做人；在高层当秘书，使我学会了为人处世。如何做一个好秘书，实践使我有如下感悟。

（一）秘书应具备"三大基本素养"

实践使我深深地体会到，不是谁都能当秘书，不是谁都能当好秘书。当秘书必须具备一些基本素养，概括起来，我觉得主要有以下三点。

第一，忠诚可靠的政治素养。秘书是领导的智囊和助手，要辅助领导从事各项管理工作，负有参与谋划、协调处置、承上启下、事项督办等重大责任，所以秘书工作处于领导机关的纽带地位。秘书的言行举止，往往直接影响领导机关的形象和威信，影响领导工作的正常运转，影响辖属范围内的政治站位的可靠性。政治站位往往与政治素养有关，政治素养一般应包括：党性原则、德性修养、法治观念等。所谓党性原则，就是在任何时候、任何地方、任何情况下，始终都能信念坚定，旗帜鲜明，自觉与党组织保持一致，听党话，跟党走，忠诚于党，不忠于个人，与党同心同德，时刻不忘圆满完成组织和领导交办的各项工作任务。所谓德行修养，就是人的品质修养。作为秘书，若不能把"品质"放在首位，即使有"满腹经纶"，也不能算一个合格的秘书。古人云："德者，基也；财者，末也。"意思很明确，德是第一位的，财是第二位的，可以说，德是做秘书的第一品质。德行要求对组织、对领导、对一般人必须忠诚和老实，忠诚和老实先于能力，也胜于能力，厚德才能载物。所谓法治观念，就是要有正确的是非观，哪些是对的，哪些是错的，哪些不能做，心如明镜，不糊涂办事，符合党和国家的有关规定，当然也要符合常规的道德伦理底线。

第二，勤于思考的职业素养。秘书必须是一个注重学习、勤于动脑、善于分析的青年才俊或智者助手，这是辅助领导、协助领导工作的必然利器，也就是说要有一定的业务素养。"业精于勤"，勤主要体现在眼勤、手勤、腿勤和脑勤。所谓眼勤，就是要善于观察，善于发现，由此及彼，由表及里，掌握事情的真实动态，分析利弊，去伪存真，为领导决策提供真实有利的依据。所谓手勤，就是要多动手，多做事，会做事，善成事，以一丝不苟、心细如发的工作态度，主动拾遗补阙，做到不误事、不出事、不乱事，进而成大事。特别在文字修养方面，来得快，写得好，虽不是大笔杆子，但在文字表达方面要比一般同事强些。所谓腿勤，就是要放下架子，抽出时间，不怕麻烦，深入基层或具体的事件中，多搞些调查研究，强化督办落实，了解真实情况，反映实际问题，掌握第一手资料，为领导决策提供真实、可靠的参考依据。所谓脑勤，就是遇到问题，勤于思考，善于分析，敞开心扉，锻炼思维，想领导之所想，急领导之所急，帮领导之所需，为领导服好务、参好谋、做成事、办好事，真正发挥好拾遗补缺、参谋助手、桥梁纽带作用。

第三，守口如瓶的保密素养。秘书工作是一项综合性很强的工作，其工作内容包罗万象，多而复杂，其中保密是秘书的一项重要职责。秘书特殊的身份、地位和工作条件，使其能够接触到大量的机密。比如，制定重大决策等带有秘密性质的会议，一般都是秘书到场做会议记录，而且所有秘密文件的传递、登记、送审、翻印、保管等过程中也大都先经秘书之手。所以，秘书必须做到守口如瓶，务必做好保密工作。过去，虽然在基层干过秘书，但对保密工作的重要程度没有多少概念，因为基层也无密可保，大部分都是透明公开的，会议、文件、政策、工作处理的意见等都得面向人民群众，也没有渠道、工具和环境确保保密工作的安全。但在国家机关的总部则大不相同，一个小小的尚未被公开的秘密不慎被泄露，轻则会影响政策的顺利执行，重则会导致党和国家的声誉与财产的重大损失甚至不可挽回。记得1988年下半年的一天，总行计划部的一名同志，在接辽宁省分行电话请示的时候，无意间透露了全行资金紧张的状况，当时国家通货膨胀严重，他这一举动受到国家安全部的监控和来电问询。类似这样的案例，在国家个别重要部门也发生过，并被国外情报部门盯上，使国家的形象、安全和声誉受到了严重的损坏。

三年半的总行领导秘书生活，也使我对保密工作的复杂性有了清醒的认识。这种复杂性主要体现在：保密工作集政治性、秘密性和防御性于一体。所谓政治性，从国家秘密来讲，它是一项国家的重要战略资源。从安全角度考虑，国家秘密被知悉的范围应该越小越好，保密工作做得越严格越安全。但从建设和发展角度考量，又往往离不开信息的及时交流和充分共享。这就要求在确保国家秘密安全的同时，应当充分遵循信息化条件下信息资源利用规律，建立科学有效的保密管理制度，促进信息资源的合理利用。实践表明，信息资源的合理利用并不等同于信息公开，这是保密工作认识上的飞跃。所谓秘密性，是指保密的等级有所不同。国家秘密的密级一般分为绝密、机密和秘密三级，不同等级的国家秘密其性质和影响程度也各不相同。如果不是当总行领导的秘书，我不可能对此有清晰的认知。所谓防御性，就是哪些秘密不可告人，哪些秘密什么时候解密才可告人等。可以说，遵守秘密，必须学习和保守秘密。在不同部门、行业、系统做领导的秘书，掌握的秘密特别是核心机密，其要求是不一样的。

三年半的总行领导秘书生活，使我更为遵守和执行保密纪律："不该问的机密不问，不该说的机密不说，不该看的机密绝对不看，不该记录的机密绝不记录，不在非保密本上记录机密，不在私人通信中涉及机密，不在公共场所和家属、子女、亲友面前谈论机密，不在不能够保密的地方存放机密文件、资料，不在普通电话、明码电报、普通邮局传达机密事项，不携带机密材料游览、参观、探亲、访友和出入公共场所。"在当总行领导秘书的时候，也发生过一次笔记本失而复得的事情。那天，总行机关党委在会议室召开全体党员投票选举大会，我填完选票后去投票，直接回到了办公室，把笔记本落在了座位上。当时把我急坏了，立马惊出了一身冷汗，赶紧飞跑到原来的座位上，幸亏人还未走完，笔记本还在，这才长长舒了口气。因为那个笔记本，是我平时开会做记录用的，上面有一些办公会议上行领导的发言，特别是记录了一些尚未公开的数据和情况。经过此事后，我就特别小心，每逢开会、出差等场合，总是与笔记本形影不离。职业的修养，不仅使自己对保密工作很敏感，而且对周围的同事、亲友也能严格要求。有一次，我和几个同事坐地铁，大家无意中聊到了业务工作。地铁上人多嘴杂，我们也都喜欢高谈阔论，因为平时写文章大家都喜欢旁征博引，尤其用定量阐发定性，当谈到当年度物价涨幅的程度和货币增发的数字时，我真的有点"怕事"了，就当着大家面长"嘘"一声，意思是这些数字和情况就别在这里议论了。顿时，大家立即噤声并会心一笑，说明大家都能理解在地铁上讲这些是不适合的。正是在值班室三年半的秘书生活，使我养成了保密的良好习惯。

（二）秘书之间应遵从"四不守则"

作为秘书班子，一起做服务工作，一定要相互支持，相互帮助，相互提醒，体现合作精神，这是做秘书工作的基本常识和基本准则。因为我们每个人不可能一年365天家里或自己没有什么紧急的事情要处理，不可能天天都能盯在办公室。这就需要秘书之间，在文件传递、领导布置任务等方面，互相帮忙，而且必须做好。但秘书之间还应有一些纪律约束。实践使我体会到，以下"四不守则"似应严格贯彻。

（1）不打"横炮"。所谓"横炮"，就是不按规定的流程，去处理事项、公文、通知等，而是越过流程和规定，由秘书与秘书之间就把有关事项处理了。这种打"横炮"会产生诸多问题：一是会签文、重要文件方面，如果不放在机要室，而是由两个秘书之间传递，不仅会造成文件和会签文的丢失、泄密，而且也会造成两个秘书或领导之间推诿扯皮，影响同事之间团结，严重破坏保密程序；二是如果是重要通知或开会，领导有时工作忙，自己秘书又不在，由于没有登记，值班秘书又不清楚，没人提醒，很有可能让领导遗忘而耽误大事；三是秘书工作打"横炮"，看似是提升工作效率，实际上会冲击正常的工作秩序，一旦发生问题，就会造成"肠梗阻"。因此，作为秘书，必须按工作程序或保密条例来处理一切，不能随心所欲，图方便、图省事，否则后果不堪设想。

（2）不传争端。所谓"争端"，就是领导之间对工作有不同的意见。在实际工作和生活中，对一些重大问题的决策处置，大家往往都会有不同意见，这很正常。但领导之间会通过正常的工作方式和程序，达到相互理解和统一的目的。但作为秘书，绝对不能横插一刀，在秘书之间传播领导管控分歧或争端。这样做的后果：一方面会影响领导之间的团结合作；另一方面会影响所属队伍的统一稳定，更重要的是，会造成决策的"流产"，给党和国家、行业单位带来不可估量的损失。因此，作为秘书，一定要管好自己的嘴巴，加强个人的职业修养，不在秘书之间传播领导的分歧，也不在领导之间制造矛盾，更不在人民群众中散布争端。否则这样的秘书，不仅是一个工作上不合格的秘书，更是一个摆弄是非的小人，这样的秘书必须被扫地出门。

（3）不搞亲疏。当秘书最忌讳谁疏谁重，这是一种拉帮结派的行为，也是革命队伍所不允许的。多年的秘书实践告诉我们以下几点。一是不在领导之间搞亲疏。秘书不应当厚此薄彼，不能哪位领导对你好，你就觉得他好；哪位领导你接触得多，你就说他可信；哪位领导说话分量重，你就到处宣扬他的好；哪位领导批评了你，你就说他这不是那不好；哪位领导工作认真、很严肃，你就对他没有好印象。作为秘书，要谨防戴着"有色眼镜看人"。二是不在秘书之间搞亲疏。秘书之间是平等的，只有年龄大小、男女性别和职务高低之分，没有谁好谁坏、谁行谁不行之说，更不能谁喜欢我、谁和我近乎、谁说过我好话，我就认谁。千万不要人为制造亲疏，妨碍工作合作，影响同事团结。三是不在领导分管部门、单位之间搞亲疏。工作中，与领导分管的辖属接触多，也会对其印象较好，在群众评议时尽可能为其说好话；对那些平时接触较少的部门，领导批评较多的部门，或者反映秘书本人表现不佳的部门，就背后说人家坏话，特别是在分管领导跟前，有意制造管控分歧和矛盾。作为秘书，应当安分守己，不分亲疏，一视同仁，用一颗平常心和实事求是的态度，来看待和面对出现的问题。

（4）不患得失。作为秘书，服务领导、服务各部门、服务基层是职责所系，天经地义，但经常会遇到几种情况：一是当领导表扬了，同事认可了，往往会使自己飘飘然，骄傲起来，甚至伸手向组织、向领导要官、要权、要钱，患得患失；二是工作"三分钟热度"，刚开始时激情满怀，信心百倍，但遇到困难和挫折，遇到工作出现失误或领导批评了几句，自尊心很强，就像泄了气的皮球，萎靡不振，怨天尤人；三是好高骛远，眼高手低，文章报告写不好，小事又不愿做，或是领导说一说，才动一动，主动性不够，甚至有了成绩往自己身上揽，出了问题有意识讲客观，不去主动担责。这些问题表面上看似人之常情，情有可原，但实际上都是患得患失的表现。一个合格的秘书，要正确对待荣誉，正确对待批评和失误，在成绩面前不炫耀、不计较，在错失面前不泄气、愿担责，这既是做人做事的品行要求，也是一个共产党员、国家干部的应有风范，更是做秘书的本职所在。必须清楚，作为秘书，如果患得患失，长此以往，不仅严重影响正常的工作秩序，而且会彻底损坏个人的形象和未来的职业发展，走上一条令人担忧的道路。所以，当一个好秘书，就必须树立全心全意为人民服务的理念，必须持之以恒地改造自己的世界观和价值观，必须用共产党员的标准严格要求，必须把个人的利益置身于党和人民的大局之中！

（三）秘书工作可参考的"五条守则"

秘书工作千差万别，内容千头万绪，有些还错综复杂，如何应对是一门大学问。秘书在具体工作处置中，方式方法是多种多样的。如果处理得当，组织满意、领导满意、个人满意、群众满意，则皆大欢喜。如果生搬硬套，不顾客观实际，或者飞扬跋扈，仗势欺人，势必天怒人怨；或者优柔寡断，久拖不决，就会令组织、领导及对方失去信心。根据个人体会和社会上流传的众多实践，我认为秘书在具体的操作中，可把握以下几条守则。

第一，先斩后奏。这是一种先由秘书自己决定的行为，意思是把事情处理完，再去汇报。通常指下级对上级，包括秘书对领导，未经请示就已决断，造成既定事实，然后再向上级或领导报告。先斩后奏有以下两种情况。一是看得准，下手快，容不得对方找关系说情，在领导不知情的情况下，问题就被成功决断，然后再给领导汇报。二是心领神会领导的意见，也知道对方的最终意图，为了不使领导为难，就不经请示，立即决断，然后再去汇报，如若不然的话，就会惹出一些事端。先斩后奏必须有十分的把握，包括对事情的原委、制度规定的执行等，都要符合领导的意愿。这样做有三点好处：一是体现了雷厉风行的务实作风；二是直接处理可节省领导的宝贵时间；三是可以减少领导许多麻烦或难言之语。历史上大公无私的包公，是先斩后奏的最著名的实践者。需要指出的是，先斩后奏要注意几种倾向。一是谨防秘书成了领导的"化身"。特别在法治社会且执规非常严肃的情况下，先斩后奏不仅会惯坏了秘书的无序行为，使其不该参政议政而参与，而且容易把领导束之高阁，进而养成颐指气使、指手画脚的不良习惯。二是谨防秘书成了领导的"奴才"，或者没有底线的驯服工具，这就需要既发挥秘书的主观能动性，又要达到真心为领导服务的实质和目的。三是谨防秘书成为领导的"自己人"。意思非常明确，由于工作关系密切，时间一长，秘书成为特殊的"家人"。这样一来，需要相互监督的关系就会被彻底打破，共产党人自己定的纪律就会不攻自破。因此，作为秘书，先斩后奏是有条件的，也必须是有章可循的，还要能为历史和实践所检验，这样，才能使这个奇招充分发挥应有的作用。

第二，先奏后斩。意思非常明确，作为秘书，一般事情先请示，后处理。也就是说，出了事，与秘书无关，因为他请示了才处理的。应当清楚，先奏后斩是从古到今的法典，符合事物运动的规律，有利于各级管理人员照章办事，有利于各种复杂问题系统化、程序化、专业化、科学化的解决，有利于规避职责风险，也是秘书从业人员的规范动作，对推动各部门、各单位工作的有序发展举足轻重。先奏后斩固然规范，但也会带来一些弊端，比如工作程序多，环节多，势必会带来效率低下，相互扯皮现象增多。

特别是遇到一些特殊情况和突发事件时，这种按部就班的程序和模式，会严重影响一些重大问题的高效解决。因此，先奏后斩还要本着实事求是的态度，根据有关情况灵活调整。一是要急事急办。即遇到一些迫在眉睫的事，比如单位失火、失窃等急事，不要死抠程序，要一面向主管领导报告，一面立即通知保卫部门、消防单位或公安派出所到场处理，以赢得最佳的解决时间。二是要大事快办。何谓大事，作为秘书心中要有尺寸，准确把握，一旦听到信息和报告，必须快速应对。比如银行网点发生挤兑事宜，涉及市场的稳定，一方面通知总行有关部门下达应急预案，另一方面报告有关领导，听取处置措施，传达有关指示，尽快抓好落实。三是要特事特办。在实际工作中，许多舆情和突发事件从天而降，如果按照程序先奏后斩，恐怕耽误了大事，比如有些歹徒窜到领导办公室实施报复行为，必须立即通知单位领导、同事和就近派出所，千方百计地制止和避免流血事件的发生。总之，先奏后斩的程序没错，也必须坚持，但遇到重大、急迫和特殊事项等，还是要因时、因地、因势而动。

第三，奏而不斩。意思是指下面请示有关事项，作为秘书只管往上报，如果领导批复了，要仔细琢磨，看看领导批复的真实意图，是下决心办还是勉强要办。如果琢磨领导是酌情处理，这里就有个轻重缓急的问题，可考虑快办，也可考虑缓办，还可考虑宽办、不办，尺寸、程度一定要把握好。必须清楚：一旦有人追责，秘书要主动承担责任，因为领导已经交办了，让你酌情处理，没说不让处理，这就需要替领导分忧解难，承担责任。在实际工作中，这方面的案例很多，领导有批示，但很含糊，做与不做，秘书要决断。比如有人举报领导家属搞不正之风，或打领导旗号招摇撞骗，举报又不写具体举报人、举报地址、举报时间等。领导正好主管这方面的工作，不能不批示去查实，但批示的意见模棱两可。秘书就要根据领导批示精神：一是暂时不去查实，拖一拖再说，这也可能是有人抓领导小辫子，捕风捉影；二是领导让你传达指示，但又没有让你大动干戈，兴师动众处理，这就要你掂量处理吧！

第四，斩而不奏。意思是指基层有关报告或事项一经报来，作为秘书，在权衡孰轻孰重的情况下，直接予以处理，并不上报领导。比如对银行业一般性的改革情况反映、简报，普通事项的信访及类似咨询等问题，都可考虑斩而不奏。这样可以使领导抓大放小，集中精力思考一些大事、难事和重点事；也可以锻炼秘书的执规操作能力；还可以改善机关的工作作风，提升为基层工作办事的效率。需要提醒在实施斩而不奏的守则中，要注意以下倾向。一是注意大事化小，小事化了。比如，在基层工作的负责人，都想把自己新业务、新产品、新工具、新政策、新举措、新亮点汇报给总行领导，一方面反映基层银行的新成就，并想得到领导的表扬；另一方面通过报告有关情况和动态，使领导有所批示，指示下一步发展方向。这两方面的用意，毋庸置疑都应充分肯定，但作为秘书，要善于从纷繁复杂的报告材料和事项中，准确分析哪些事大、哪些一般，且不该对需要领导知晓的内容进行错误判断，也就是该报的未报，斩而不奏，从而使一些重要的情况和信息被淹没。二是注意不能越俎代庖，越权处理。实际工作中，领导每天的日程活动安排都很满，加上签报、文件、请示事项、会见、活动等，很多时候废寝忘食。作为秘书，上报签报、文件时，千万不能代签、代劳，特别是一些重大活动、重要文件、重大项目审批，比如"三重一大"，绝对不能擅自代签、代为参加，必须按有关规定和程序处置，否则后患无穷。三是注意听取对处理后效果的反馈，也就是秘书所做的斩而不奏情况的反映。其好处是：一方面验证秘书自己的分析判断是否符合有关规定要求；另一方面检验工作的效果，看看秘书自己的能力是否与市场和基层的需求相适应，是否达到了有效促进和化解需求的目的。

第五，不斩不奏。意思是指对那些自下而上的报告、动态、反映、记录、信访、图片、声控档案、赞助、自行组织的庆典仪式、要求领导参加的邀请函等不上报。作为秘书，对于此种情况，一般不用上报领导，也不用批转或指定有关部门、单位处理，更不能借领导名义或口气，模仿笔迹，批示同意、圈阅、转发、请酌处等意见。需要提醒的是，在实际工作中，如何把握好不斩不奏的标准？这里既有对制度规定学习理解得好坏的问题，也有具体实践经验的问题。如果不能熟练运用和把握好这个尺度，势必会带来一些负面影响。比如，我曾听到这样一个故事。某一单位的领导几次接到诈骗电话，心里很是烦闷。其实不少下属部门也收到了类似诈骗电话和拼凑图片，大家都已反映到保卫部门，但都杳无音信。作为他的秘书，领导没有交代去查，而该秘书擅权指示保卫部门，赴有关省的下属单位和电信部门查实，结果无功而返。最后听说电信部门对这个单位"隔桌子打人"、随意调动有关人员查询电话记录有点意见。这个案例告诉我们，尤其是作为秘书，不能随意发号施令，扰乱正常的工作秩序。

第六篇 | **亲历建设银行 36 年大变局**

我很幸运，在实行改革开放那年，也就是 1978 年考上了大学，1983 年 7 月毕业后，我被分配到中国人民建设银行总行，2019 年退休，工作了近 36 年。36 年来，我见证了中国经济、金融改革的许多重要历史阶段，更亲历了建设银行由国家专业银行向股份制银行转型发展的全部。历经总行、分行、子公司三个层次，零售、批发、综合、市场四大条业务线，处长、部门老总、省行行长兼党委书记、总行高管（批发业务总监）、合资公司董事长兼党委书记五大职务的变换。实践使我深深体会到：是党的改革开放

在中国建设银行工作期间获得的部分荣誉

政策改变了国家的命运，是中央的职能定位发展壮大了建设银行，是组织的关心和团结拼搏促进了我个人职业生涯的发展。回顾36年的改革转型、发展和个人职业生涯的变化，我不禁浮想联翩……

一 改革开放使建设银行"脱胎换骨"

1978年底，党的十一届三中全会拉开了我国改革开放的大幕，中国开始了以经济建设为中心的总基调。市场经济的大潮荡涤着一切"污泥浊水"（指腐朽、僵化的意识），各行各业爆发出前所未有的动力和活力，银行业也不例外。特别是1994年向商业化转轨后，不断的改革转型使建设银行发生了翻天覆地的变化，可以说是"脱胎换骨"，呈现一幅"清明上河图"般的繁荣壮丽的画卷。

——从无到有，市场机制得到逐步完善。从我加入建设银行后，共经历了三次大的职能转型，即从专业银行到商业银行，从商业银行到股份制银行，从股份制银行到上市银行。职能的转型，促使建设银行公司治理结构逐步建立健全，内部控制机制建设迈出重大步伐，激励约束和绩效考核机制逐步完善，业务流程全面优化，经营能力得到释放，市场化程度大幅提升。目前，建设银行已经形成了较为完备、运转自如的适应市场化的集团组织架构体系和运行机制。

——从点到面，银行网络得到多元化发展。在专业银行时代，建设银行的专业机构由 100 多个发展到 500 多个。尤其是 1994 年向商业化转轨后，机构网点由少到多，恰似星罗棋布；海外分行、子公司从无到有；营销渠道和服务工具从柜台到自助银行、电话银行、网上银行、手机银行、智慧银行等，向多样化、全方位发展，不仅实现了固定网点的全覆盖，而且实现了移动网络的全覆盖；不仅实现了国内城乡网点的全覆盖，而且实现了国际经济发达区域的全覆盖；不仅实现了集团机构网点的全覆盖，而且实现了子公司渠道的全覆盖。截至 2020 年底，建设银行与工商银行、农业银行、中国银行四大行，已形成全覆盖的营销网络（见表 6–1）。

表6–1 工、农、中、建四大行营销网络

类别	建设银行	工商银行	农业银行	中国银行
营业机构（家）	14741	16623	22938	11550
境内机构（家）	14708	16197		10991
境外机构（家）	33	426	16	559
主要附属公司（家）	19	132（含分支）	16	—
在运行自助柜员机（个）	79144	73059	75700	33314
投入运营自助银行（个）	25529	25167	24300	855
离行自助银行（个）	11348	—	—	
在运行智慧柜员机（个）	48733	79672		31960
营业网点（个）	14000	15800	22000	—

类别	建设银行	工商银行	农业银行	中国银行
个人手机银行用户（亿户）	3.88	6.8	3.6	2.1
企业手机银行（万户）	217	—	296	—
微信银行关注用户（亿户）	1.2	—	—	—
微信绑卡客户（万户）	9441	—	—	—
短信金融服务用户（亿户）	4.94	—	—	1.1（电话银行）
个人网银用户（亿户）	3.71	—	3.56	1.9
个人网银活跃用户（万户）	1111	—	—	—

资料来源：摘录自2020年四大银行年报。

　　——从简到繁，银行服务理念和功能得到升华和全面拓展。建设银行商业化后，明确了以客户为中心、以市场为导向的理念。过去，我们银行有什么样的产品，客户就得买什么样的产品；现在，客户的需求，就是我们银行的追求，客户需要什么，银行就创新什么。服务的功能，由过去简单地以存、取、贷功能为主，发展到现在的存、贷、汇、理、投、外（国际业务）等市场业务一体化、差异化、个性化和多样化的金融服务，不仅实现了国内市场客户需求的全覆盖，而且实现了国际市场客户需求的全覆盖，服务理念转变和服务功能全面提升（见图6-1）。

　　——从弱到强，整体实力得到巨变。在改革开放前，建设银行扮演的是单一的财政职能或政策性银行的角色。改革开放后，特别是向商业银行转轨以来，建设银行的资

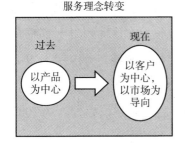
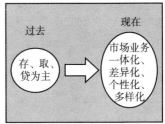

图6-1 银行服务理念和服务功能的变化

产规模、经营利润、经济增加值、资本充足率、产品种类、客户数量、资产质量、平均资产回报率和平均股本回报率等发生了颠覆性变化。建设银行 2020 年年报显示，主要经营指标一直位居同业前列（见图 6-2）。

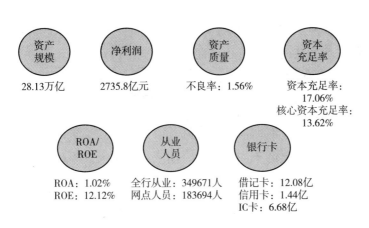

图6-2 2020年建设银行主要经营指标

——从末到前，国际地位得到空前提升。在向商业化转轨之前，包括中国的几大国有银行在国际市场上都没有什么名分地位。可以说，是商业化的职能转型改变了中国银行业的命运，表现在综合实力、服务水平、国际排名等方面，都进入世界 500 强前列。特别是建设银行，从 2005 年 10 月和 2007 年 9 月分别在港和沪上市以来，市值一直稳居全球 1000 家大银行的前五，并在国际国内知名媒体或品牌的评比中，每年都赢得了诸多荣誉称号。具体情况和变化如图 6-3 所示。

二 中央适时定位，催生建行战略性转变和重大举措出台

从 1954 年成立到现在，建设银行一直是在发展中改革转型，在改革转型中发展。其职能定位经历了政策性银行时期、国家专业银行时期、商业银行时期和股份制银行时期四个阶段。每个时期的职能定位，都离不开中央的适时决策；每个时期的市场发展和改革转型、主要举措和特点，都有很大的不同；每个时期取得的重大成果都令人欢欣鼓舞！

在建设银行职能定位和转型发展过程中，我有幸经历了其改革开放以来的全部。第一个时期虽然没有赶上，但对其职能通过学习有了大致了解。特别是亲历和参与了后

2019~2020年中国建设银行获得的荣誉

年份	来源	荣誉
2020	英国《银行家》杂志	2020年世界银行1000强第2位
2020	美国《财富》杂志	2020年世界500强第30位
2020	美国《环球金融》杂志	2020年中国最佳跨境贸易银行
2020	新加坡《亚洲货币》杂志	2020年财富与社会奖项中国年度商业银行
2020	香港《亚洲货币》杂志	2020年中国零售银行大奖——最佳全国性银行
2020	《金融时报》	2020年卓越竞争力人民币国际化银行
2020	《证券日报》	2020年度数字化经营银行
2020	中国银行业协会	2020年最佳精准扶贫贡献奖
2020	《董事会》杂志	最佳董事会
2019	英国《银行家》杂志	2019年世界银行1000强第2位
2019	美国《财富》杂志	2019年世界500强第31位
2019	美国Interbrand	2019最佳中国品牌50强第3位
2019	新加坡《亚洲银行家》杂志	中国全面风险管理成就奖
2019	《财资》杂志	中国最佳大型贸易融资银行
2019	香港《财富》杂志	2019中国最佳私人银行
2019	香港《亚洲货币》杂志	2019年卓越竞争力网络金融银行
2019	《中国经营报》	年度最佳金融科技创新银行
2019	《金融理财》	最具影响力银行 创新手机银行
2019	新浪财经	最具影响力银行 创新手机银行
2019	中国银行业协会	最佳普惠金融成效奖 最佳社会责任实践案例奖

图6-3 中国建设银行获得的部分荣誉

全球上市银行排位

2013~2020年：第4~5位

2007~2012年：第2位

三个时期，使我对建设银行的发展壮大无比亲切和留恋！

（一）政策性银行时期

这个时间段大致从 1954 年到 1978 年，长达 25 年。按照中央对建设银行的职能定位，其主要行使财政职能。据《中国建设银行史》记载，建设银行是 1954 年 9 月 9 日由中央人民政府政务院第 224 次会议研究批准成立的，1954 年 10 月 1 日在新中国成立五周年的当天，在距离天安门东南侧 150 米至 200 米的地方，即东交民巷公安后街三号，中国人民建设银行正式对外挂牌。建设银行的成立，对外叫银行，行使财政职能；对内是财政部的基建财务司，实际上是政府的一个专业机构。当时，国家的现状和特点是：新中国成立不久，计划经济盛行，大规模经济建设兴起，建设银行应该是"因建而兴"。

建设银行成立伊始，就积极投身国家经济建设的主战场，把握经济规律，创造性地运用"四按拨款原则"（按计划、按支出预算、按程序、按形象进度），实施"两管三办一监督"（管理基建支出预算和财务，办理基建拨款、放款和结算，实施财政监督），服务了"一五"时期 156 项重大项目和上万个单项工程，为国家"守计划、把口子"，节约了巨额资金。所以，一直以来，"哪里有建设，哪里就有建设银行"，成为全国上下广大建设单位、施工企业和建设者的共识和美谈。

（二）国家专业银行时期

这个时间段大致是 1979 年到 1993 年，长达 14 年。1978 年 12 月，党的十一届三中全会召开，标志着改革开放的开始。1979 年 2 月，国务院决定恢复农业银行；3 月，国务院决定将中国银行从中国人民银行中分离出来；4 月，邓小平同志在出席中央召开的各省、自治区、直辖市党委第一书记座谈会上说，"建设银行也应该起到杠杆的作用。既然叫建设银行，就不光是坐在那里算账、打算盘，也要广开门路，会做经济工作，会做生意"；1979 年 4 月，李先念同志也指出，"建行要起到蓄水池作用，把张三不用的钱借给李四，可利用存款发放贷款"。① 国务院的决策和中央领导同志的讲话精神，是我们银行业改革转型的指路明灯。1979 年 8 月，国务院决定升格建设银行为国务院直属总局级单位（副部级）；同时批准财政拨款改为贷款试点，简称"拨改贷"；10 月给建设银行颁发了带有国徽图案的印章；1983 年 4 月，国务院明确建设银行为独立经营和独立核算单位，也就是成为国家专业银行。1984 年 1 月，国务院成立了中国工商银行。到此为止，工、农、中、建四大专业银行各司其职，正式开始行使专业银行职能。

值得一提的是，这一时期市场环境变化的主要特征是

---

① 转引自《中国建设银行史》，中国财政经济出版社，2010，第125页。

改革开放，百业待兴。主要体现在：市场经济理念逐步确立，专业银行分工界限被打破，"一业为主，多种经营"局面形成，网点人员迅速扩张，建设银行的财政、银行"双重职能"充分显现。

按照国务院的决定，从 1985 年开始，在试点的基础上，建设银行全面推行拨款改贷款，以增强时间观念、利息观念和投入产出观念；改革资金管理体制，将信贷收支全额纳入国家综合信贷计划；实行"统一计划、划分资金、实贷实存、相互融通"的信贷资金管理原则；利用存款发放贷款，开办工商企业流动资金贷款等业务。1986 年 7 月，建设银行在辽宁兴城召开全国分行长会议，作为总行领导的秘书，我有幸参加了这次会议。会议明确提出了开拓居民储蓄、现金出纳和国际金融三大业务。1987 年 2 月，总行成立外事部；1988 年 3 月成立国际业务部；1989 年 6 月，成立筹资储蓄部，拉开了建设银行大办居民储蓄的序幕。从此，建设银行的各项金融业务轰轰烈烈地开展起来了。

我记得，这一时期建设银行的最大变化是：大大完善了银行功能，"双重职能"作用得以充分发挥；加快了机构网点布局，搭建了覆盖全国的银行网络；各项业务突飞猛进，全面拓展。据统计，到 1993 年底，全行人员扩展到 31.2 万人；机构网点 19800 个；储蓄存款从无到有，余额达到 1599 亿元；经办拨改贷投资余额 1116 亿元，累计办理拨款、贷款、投资等资金总额 33051 亿元；为国家提出合理化建议、制止不合理支出、节约建设资金 232 亿元。建设银行在专业银行时期的惊人发展，令市场和同业刮目相看。

（三）国有商业银行时期

这个时间段大致是 1994 年到 2003 年，长达 10 年。1993 年 12 月 25 日，《国务院关于金融体制改革的决定》中，把建设银行定位为以长期信用为主的国有商业银行，分离政策性业务，移交财政职能；从 1994 年起，按照"四自"（自主经营、自负盈亏、自担风险、自我约束）原则，建设银行开始全面地商业化转轨，实现了资产负债管理。

这个时期市场发展的主要特点是：市场竞争如火如荼。主要表现在：存款大战强劲；网点发展迅速；产品创新频出；业务领域不断拓展。

这一时期，建设银行出台的重大举措和引起社会较大反响的，我觉得主要有四件大事。

第一，建立一级法人体制。经中央批准，建设银行变党组为党委，因为它不再是中央和国务院直属派出机构。特别是从 1996 年 3 月 26 日起，将中国人民建设银行改为中国建设银行，行使单一的商业银行职能。那么，建设银行为什么要改名？取消"人民"二字？在我的印象中，主要有三条理由：一是中央决定取消财政职能，分离政策性业务，专门行使商业化经营管理；二是中国人民银行和中国人民建设银行，都带有"人民"二字，不易使老百姓区分，一些行外客户和行内员工建议取消；三是向商业银行转轨后，应与中国工商银行、中国农业银行、中国银行的名字都保持一致。名字的改变，也使建行彻底甩掉了过去的"铁饭碗"，一心一意在商言商。

第二，重塑CI设计。即有关企业形象识别的设计，包括行名、行徽、门头标志、标准字体、蓝色图案、宣传口号等。特别是"中国建设银行，建设现代生活""要住房，到建行"，是中国建设银行当时新的广告语。这两个广告语，贴近市场、贴近客户、贴近百姓，曾在社会上引起热议，广泛流行，经久不衰。

第三，提出业务发展和市场竞争的一些重大方针。包括"双大"战略（抓大行业、大企业）；"抢市场、争份额"；"死里逃生"；"一心一意办银行"；"四大支柱"（信贷、中收、国际、房地产）；"四重业务"（重点行业、产业、地区、客户）和大中城市行优先发展战略等。这些重大方针，提振了全行广大员工的士气，在建设银行转型发展史上发挥了重大作用。几十年过去了，大家仍念念不忘，在系统内外和市场竞争中引起了强烈的冲击波。

第四，强化规范管理。面对向商业化转轨和市场上的无序竞争，建设银行的掌门人在业内首先提出了"两个在所不惜"：一是不搞高息揽储，为此失去一点市场份额在所不惜；二是对于因体制改革造成的局部利益调整和短期内的市场份额下降在所不惜。为此，建设银行各分行在调查研究的基础上，撤并了一大批低产、无效的储蓄机构和网点等，为建设银行在商业化的道路上持续阔步向前清除了障碍，巩固了基础。

（四）股份制商业银行时期

这个时间段大致是 2004 年到现在。2003 年 12 月 30 日，国务院决定将建设银行作为实施股份制改造试点银行之一，并动用外汇储备向建设银行注入资本金 225 亿美元。2004 年，由中央汇金公司、长江电力、国家电网、上海宝钢、中建银投五家发起人，发起成立中国建设银行股份有限公司。2004 年 9 月 15 日召开第一次股东大会、董事会和监事会；9 月 21 日召开成立大会；9 月 23 日正式对外挂牌。可以说，建设银行在股份制商业银行的轨道上走在了同业的最前列。

自 2004 年以来是建设银行发展时间跨度较长、变化最大最快、发展最难也最好的时期，所以这个时期可以划分为以下三个阶段。

第一阶段是商业银行向上市银行的推展期。时间段为 2004 年到 2011 年，有七八年的时间。这个时期市场发展变化的主要特点是：客户需求多样化；业务国际化；手段渠道网络化；金融服务差异化。

我记得，这一时期建设银行推出的重大举措主要有：为建设银行上市做准备，引进战略投资伙伴——美国银行；协议解除冗余人员，剥离不良资产，进行财务重组，开展尽职调查等；推进零售业务网点的转型，实施"五岗一角色"（"五岗"是指网点经理岗、柜员主管岗、个人业务顾问岗、高级柜员岗、一般柜员岗，"一角色"是指大堂经理）以及其他战投项目的对接；全力以赴抓好中间业务收入，建立等级行考核体系；制定全行发展目标，建设一流国际银行；强化质量效率管理和风险案件治理，确保稳健发展。

在引进美国银行作为战略投资伙伴方面，也许有的人会问，为什么是美国银行而不是其他银行？据我了解，主要有以下两方面的考虑：一是美国银行是美国第二大银行，也是全球零售业务搞得最好的银行，网点多、管理规范、业绩好；二是建设银行要上市，要进行 IPO，就得把本银行全部情况特别是财务情况披露给全球的投资者，接受公众的监督。虽然建设银行在全球有着 1 万多个零售机构和网点，服务水平和盈利能力也在国内四大行前列，但与国际发达银行的零售业务比，仍然有很大的差距和提升的空间。要尽快提升零售业务的管理、服务和盈利水平，就必须向发达银行学习先进的管理技术和方法。

我有幸在建设银行上市之前，也就是 2005 年六七月份，会同总分行几个同事（金磐石、吴建杭、宁黎明、宣昌能、刘宏华），陪同当时的董事长走访了美国银行所属的旧金山、洛杉矶、达拉斯、凤凰城、夏洛特、华盛顿等城市的机构网点，进行了为期半个月的尽职调查，实地考察了美国银行在零售业务管理、服务理念和方式、财务体系、风险管控、业绩考核等方面的情况，并为考察小组最后形成的考察报告，提出了一些推进的思路和建议。用董事长秘书的话说，我的许多想法和"火花"被采纳。

2005年6月，陪同中国建设银行董事长到美国银行做尽职调查
（右三为作者）

在考察和谈判期间，也出现了一些比较无奈又很有趣的故事。考察结束后，本应随考察小组一起返京，但由于我是总行专家组成员，负责与美国银行零售业务的谈判（总行原本安排我回国后再立即来夏洛特进行谈判），所

以在美负责谈判的我方联系人，主动向时任董事长请示把我留了下来，从而使我度过了在美国夏洛特难熬的五天时间。记得那是我随考察小组到华盛顿结束后，独自一人转机到了夏洛特。这时，我打电话联系在夏洛特的我方联系人，满以为该同志会在宾馆等着我，结果电话一直未接通。多次拨打后人家告知我，他度假去了，搞得我非常狼狈。由于我的英语会话水平特别是听力很差，所以抵达夏洛特后，也出了一些洋相。比如刚进宾馆后，宾馆前台人员问我：Would you like to stay（要住宿吗）？我以为是问我要在这儿逗留吗，没有完全听懂。前台人员紧接着又说："Passport，Please。"这我听懂了，要看护照。其又说："credit card。"这我也听明白了，是要信用卡办理入住。后来又问了一句，也可能是语速较快的原因，怎么也没听明白："What size room do you want？"意思是你要多大的房间，我没听明白，就说"No，No"。后来我加了一句："Please write。"直到前台人员写出英文字我才认出来。后来的三四天我度日如年，每次吃什么都成了问题。由于夏洛特没有一个华人，我只好待在酒店房间里，什么地方都不敢去。当时最发愁的是吃饭，只能在所住酒店拿上菜单捡我认识的英文字点菜，比如 beef、fish、egg 等，而且一天只吃两顿饭，每次结账就结在房间里，直到五天后，谈判专家队伍到来，我去机场迎接了他们，并做好了谈判对接，方才松了一口气。后来我多次在想，一定要抽时间提高英语会话水平，免得以后在工作和生活上由于语言不通受罪。但因后来工作任务更加繁重，再也没有机会深造学习英语，也成了我一生的遗憾。

在建设银行紧锣密鼓组织上市后，我记得另一重大行动就是进行了建设银行发展目标的重新定位，强化了战略的实施，取得了明显的效果。那就是在 2008 年制定了《建设银行发展纲要》，强调了"以客户为中心"的理念，明确了建设银行的发展使命和愿景（使命：为客户提供更好服务，为股东创造更大价值，为员工搭建广阔的发展平台，为社会承担全面的企业公民责任。愿景：始终走在中国经济现代化的最前列，成为世界一流银行）。同时，重新设计了广告语——"善建者行""善者建行"。据说这个广告语设计是结合了老子《道德经》第 54 章"善建者不拔，善抱者不脱"的含义与中国建设银行中的"建"和"行"两个字，意思是说中国建设银行要认真履行企业社会责任，致力于"服务大众安居乐业，建设现代美好生活"的目标，这进一步贴近了市场和客户，赢得了社会的广泛关注。

建设银行一系列重大举措的出台，塑造了建设银行在同业和国际上的领先地位。主要体现在：2005 年 10 月 27 日，作为国有四大行，第一个在香港挂牌上市，2007 年 9 月 25 日回归 A 股在沪挂牌；网点转型成为国内行业的标杆；上市后市值一直位居世界 1000 强大银行前五；资产质量、ROA、ROE、资本充足率、核心资本充足率等财务指标，

2005年10月27日，建设银行在香港上市当天，与行长
常振明等同志合影留念（右一为作者）

一直位居国际国内同业前列。

第二阶段是强化银行集团的打造期。主要是上市银
行向全能银行或银行集团转型，时间段大约是2012年到
2017年。

我记得，这个时期市场发展变化的主要特点是：客户
需求多元化，产品包装复杂化，银行服务综合化和智能化，
监管审计精细化。

根据市场发生的重大变化，2014年总行制定了新的《建
设银行转型发展规划》，重新进行了战略定位，主要内容
包括：向综合化银行集团转；向多功能服务转；向集约化、
专业化方向转；向创新型银行转；向智慧型银行转。一句

话就是朝着综合型、多功能、集约化、智能型、创新型银行转型，打造综合化的银行集团。

在研究制定战略转型规划方面，作为批发业务总监，我也自始至终参与了总行领导小组讨论，并对有关问题提出了一些意见和建议，并被采纳。比如，在推进大资产、大负债经营管理中，根据我在省分行多年担任行长的实践，我提出了负债结构不要单一考核对公或对私的业务存款、网上存款、派生存款等，而应实施负债结构向"存款、全量资金并重考核"的方向转变。又比如，在增强参与国际竞争能力方面，我提出了通过转型发展要使我行的境内境外业务、本币外币业务、传统和新型业务一起发展，努力实现国际业务"走出去、走进去、走上去"的"三步走"战略，通过加快国际业务发展，显著提升国际竞争力和国际业务贡献度。实践证明，提出的这些建议是符合实际的，也是科学有效的。当然我的心里也很高兴。

在明确了战略定位后，决策者们又构思了新的战略布局，提出了一系列业务发展的主攻方向和目标，主要包括：抓"三大一高"，即大行业、大系统、大城市和高端客户；抓网点"三综合"，即公私业务综合化、柜员服务综合化、营销团队综合化；抓创新和智慧型银行落地；抓海外业务布局和拓展；抓子公司的建立健全和规范发展。

从这个时期的主要成果看，建设银行在资产总量、经营利润、经济增加值、资产质量、资本充足率、各项财务指标、子公司的建立健全、国际金融业务发展等方面，一直保持着综合实力在同业的领先地位。尤其是养老金公司的建立，成为国务院唯一的试点单位；基金公司、信托公司、租赁公司等子公司率先规范管理，采取激励约束机制，规模效益实现了行业领跑。

第三阶段是创新推动新金融期。时间段大约是从2018年到现在。这个时期市场发展变化的主要特点是：供给侧结构性改革矛盾突出，小微企业、普惠金融需求迫切，美国的贸易战、金融战、政治战愈演愈烈，全球疫情严重，经济金融发展受限。

面对如此严峻的市场环境和形势，建设银行新一届党委，按照习近平总书记在建设银行成立六十周年报告上的批示精神，与时俱进，改革创新，进一步增强服务国家建设能力、防范金融风险能力、参与国际竞争能力，并遵循习近平总书记在系列讲话中的重要指示，"坚持以人民为中心，不断实现人民对美好生活的向往"，使建设银行迈向了创新推动新金融期。

这一时期，建设银行出台的重大举措有：推进"三大战略"，开启第二发展曲线，创新推动新金融的探索和实践。核心内容包括：一是推出住房租赁战略，用新金融的智慧和初心，疏浚楼市的"堰塞湖"，逐步消除"居者不易"的焦虑和不安；二是启动普惠金融战略，借助金融科技和大数据优势，成功建立为客户精准画像的风控模型，将普惠金融服务批量推向市场，同时借助"裕农通"平台，把普惠金融服务延伸至农村；三是发力金融科技战略，打造新一代核心系统，通过公有云、智慧政务等开放平台，向社会赋能，助力政府优化社会治理。同时，建设"劳动者港湾"，成立建行大学，深度参与脱贫攻坚，同心协力抗击疫情，改革发展硕果累累，各项主要业务指标持续保持国际国内同业前列。

三　在不同岗位亲历且印象深刻的重大事项

伴随着建设银行的职能转型，党组织的关心和厚爱，同事们的大力支持，我的职业生涯得以顺利发展，部门、职务也在不断变换，而且晋升较快。在大学毕业还不到三年半的时间内，就已经被提拔为总行办公室科长、副处长；1991年被提为筹资储蓄部综合处处长；1994年5月初被提为筹资储蓄部副主任（即副总经理），之后担任零售业务部、个人银行业务部副总经理；2000年6月被提为个人银行业务部副总经理（总经理级）；2001年5月被提为总行营业部总经理；2003年3月起，先后担任总行个人银行业务部、个人金融部总经理及个人银行业务委员会副主任，并被选为总行机关党委委员；2006年5月初被任命为河南省建设银行行长、党委书记；2011年3月被提拔为总行批发业务总监（高管）；2015年3月底担任建信基金管理有限责任公司董事长，之后兼任党委书记。不同部门、不同岗位、不同职务的转换，使我见证了建设银行的一步步改革和发展壮大。特别是自1994年担任部门副主任开始，也正是建设银行进行商业化转轨的开端，一件件、一幕幕改革开拓和发展的往事，历历在目。

（一）在筹资储蓄部、零售业务部、个人银行业务部担任副主任或副总经理期间（1994年5月初至2001年初）

长期以来，建设银行只做对公（批发）业务，不搞对私（零售）业务；只抓本土业务，不抓国际业务；只行使财政职能，不行使银行职能。其向商业化转轨后，零售银行业务成了建设银行必抓的重中之重。作为管理零售银行业务的副职，我协助辛树森主任（总经理），在这个重要的管理部门做了一些具体工作，感到由衷地欣慰。在这条业务线上，我亲历和参与推动业务发展及管理的时间较长，印象最深的有以下五项工作。

（1）从战略角度出发，抢占市场制高点。1994年三四月份，建设银行开始分离政策性业务、移交财政职能，向商业银行转轨，也就是在这期间，组织上开始考察并提拔我为筹资储蓄部副主任，协助新上任的主任辛树森同志一块工作。这期间重点抓的工作有三项。一是提出并制定"筹资立行""筹资兴行"战略。根据职能转变和市场发生的重大变化，结合建设银行的实际，及时制定了以居民储蓄存款业务为基础、以企业存款业务为主导、以证券和信用卡等新业务为突破，实施"四个轮子"一起转的发展方针，把筹资业务做得有声有色；提出"争金夺银"的口号（即在拓展筹资业务的市场份额上，要争做第一或者第二），为实现"抢市场、争份额"（这是行领导后来提出的口号）赢得许多机遇。二是提出"闹市区、大门面、电脑化、多功能、柜员制、高产量"18字建点方针，调整撤并低产所，迅速培育一批起点高、竞争强、增存快的大中型骨干储蓄网点。这个方针不仅为我行所用，也成为同行的标杆。三是提出建立"大中城市行优先发展战略"。1995年首次召开了30个大中城市行储蓄工作座谈会，部署了100个大中城市行储蓄业务发展目标和基本对策，确立了大中城市行在业务发展中的战略地位，使筹资业务快速发展。这个战略的确立，意义重大，后来成为全行各部门、各分行发展各项业务的总方针。

（2）大抓业务拓展和创新，完善商业银行功能，强化市场竞争。那时候，这是我们抓好筹资工作的主旋律，许多新业务、新产品在这个时期得到大力拓展。记忆比较深刻的有：①开拓电子汇款业务（我把它命名为"速汇通"）；②开通龙卡异地交易联网和通存通取业务；③开办个贷业务，包括小额质押贷款、个人消费额度贷款、循环额度贷款、住房装修贷款、助学贷款、助业贷款、汽车贷款等系列产品；④开办外币存款及外币移存出境等业务；⑤强化柜台电算化水平；⑥试行储蓄柜员制；⑦开拓电话银行业务；⑧开发网上银行业务；⑨开通代收代付业务。这些新业务、新产品的大力拓展，被市场称为"商业银行的异军突起"。

（3）突出优质服务，塑造建行良好形象。服务是永恒的主题。从向商业化转轨开始，我们就转变观念，紧抓不放：①制定并推进《储蓄员工岗位条例》《储蓄业务操作手册》，规范员工服务行为；②推出《三项承诺业务》《限时服务》《一米线服务》，提升服务效率和质量；③设立导储台，安放伪钞鉴定仪，为客户营造统一、有序的服务氛围；④坚持每两年举办一次储蓄业务技术大赛（包括翻打凭条、计算机操作、业务知识、点钞等），促进全行员工技术水平的提高；⑤每年组织评选全国建行储蓄业务"双十佳"（十佳储蓄所和十佳个人），塑造优良服务品牌，赢得了广大客户对建设银行服务的信赖。

（4）强化建章建制，夯实管理基础。在业务发展上，我们一贯坚持"开拓和管理并重"的原则。在此原则下，我们边开拓、边管理、边规范、边发展：①制定了《储蓄柜员制管理办法和操作规程》《储蓄卡业务管理办法》《储蓄会计电算化核算制度》《外币储蓄规程》等20多项制度，确保有章可循；②统一规范了全行储蓄存折、存单式样，严密印制、运送、入库保管、领取、使用、作废、销毁等各环节的操作手续；③建立健全了检查辅导员制度；④在同业率先将储蓄存单分为"普通存单"和"特种存单"，得到人民银行的认可；⑤强化事后监督，每年开展一次储蓄会计大检查。这些制度和措施的建立，有效规避了各种风险，确保了业务拓展上的持续稳健发展。

（5）抓好顶层设计，推进管理体制改革。考虑到建设银行总体职能和市场发生的重大变化，按照总行党委的要求，1995年，总行党委将外币储蓄业务从国际业务部平稳移交到筹资储蓄部；1998年，又将筹资储蓄部更名为零售业务部，重新定位职能，增加了个人信贷等功能，使个人金融业务全面铺开；2000年6月，又将总行"三部合一"为个人银行业务部（三部为：零售业务部、信用卡部、网上银行部），精心进行顶层设计，详细制定了"三定方案"（定职能、定机构、定编制），为全面拓展个人银行业务搭

2000年8月，主持中国建设银行在许昌召开的网上银行业务发展座谈会

（前排左六为作者）

建了管理和发展的平台。

在体制改革和职责移交中，有许多事情看似简单，但具体执行起来很难。比如，外币储蓄存款移存出境就是个例子。由于这项业务原来在我行起步晚，办理的网点不多、规模不大、数额较少，当时国际部仅在上海设了一个移交点，且手续费和成本较高。我部接手后，吸储力度加大，特别是办理规模和数量都发生了较快较大增长。对此，移存工作的具体交接点满足不了需求，工作量和成本就会加大。根据有关分行的请示，我请外币储蓄处做了个调查，并经请示有关领导进行了如下改革。一是外币储蓄移存出境的国内交接地点由上海一家增至三家，即北京、上海和广州，交接的具体流程也做了适度改变，以方便有关分行，同时强化风险管控。二是移存出境的手续费，在与合作单位香港利宝银行的谈判中，我提出了按移存额度大小来确定梯次收费比例，比如移存500万美元、1000万美元、2000万美元，以此类推，收费都要有所区别，执行差别化政策，并呈现不断下降趋势，通过反复艰苦沟通谈判，最后终于达成共识，也为建设银行节约了一些费用。

（二）在营业部担任总经理期间（2001年5月至2003年3月）

我是在2001年5月初被调任到营业部的，工作接近两年的时间。其间，组织安排我在中央党校金融班学习了四个半月（2002年9月1日至2003年1月）。在此期间，印象较为深刻的有两件大事。

（1）如何做好职能转换工作，实现平稳过渡。2001年初，总行党委对营业部职能做出重大调整，主要负责全行和本部各项业务的结算和会计核算，取消了营销和贷款职责；增加了全系统的结算、核算和总行本部的财务报销。其主要意义和作用是：①规避与北京分行争客户、抢市场，合并一处一直对外；②统一全行的核算系统，规范业务管理；③配合当时总行本部体制机制改革，全力以赴推进各项业务发展。为了确保平稳过渡，规避体制改革中出现的震荡，我们立即组织制定了《营业部业务指引》，供改制后各处室和员工准确使用；同时，强化运行中的操作和监管，避免出现风险隐患，确保了稳健运行。

2002年4月，中国建设银行总行机关举办本部职工运动会，会后与全体同事合影（手捧奖杯者为作者）

（2）如何解决同工不同酬的问题。这是推进机构改革、进行职责调整和业务发展中遇到的一个非常头疼的问题。总行营业部共有6个处140多人，其中派遣制员工超过50%，许多派遣制员工对同工不同酬很有意见，这给建设银行的稳定发展埋下了祸根。在调查研究的基础上，比照同业一些做法，我们向总行党委建议：对派遣制员工与正式员工待遇一样，特别在入党入团、评优创先、提拔晋级等方面应一视同仁；对表现特别优秀的派遣制员工可以转为正式工。总行领导对此表示肯定，部分建议得到采纳，有效调动了广大派遣制员工的积极性。

（三）在个人银行业务部、个人金融部担任总经理及个人银行业务委员会担任副主任期间（2003年3月至2006年4月）

2003年3月，按照总行党委的决定，我调回到了个人银行业务部担任总经理；2004年10月被任命为个人银行业务委员会副主任，同时还兼个人银行业务部总经理；2005年6月，个人银行业务部改名为个人金融部，我又担任个人金融部总经理。这一时期印象深刻且亲历的有五件大事。

（1）精心谋划了全系统的战略布局。2003年4月开始，在"非典"非常严重的情况下，我提出并组织研究编制了全行"一主六辅"个人银行业务发展战略，形成《个人银行业务发展总体规划》和负债、个贷、理财、中收、外币、证券六个业务单元报告，经总行党委和行长办公会研究批准实施。报告明确了个人银行业务发展的总体布局、目标、方针、思路等，提出了"打造精品银行"（即特色银行），全面开辟个人银行业务新局面，为个人银行业务全面布局、赢得市场竞争绘制了蓝图。

（2）全力以赴开辟理财业务和进军各项新业务领域。主要包括：①组织研发了"乐当家理财卡"，并在境内境外都可使用，成为同业独一无二的多功能理财产品；②研发个人贷款管理系统，确保有效规避风险；③拓展证券登记系统，在同业率先开办债券发行代理及纸黄金买卖业务；④提出并建立100家理财中心，在北京、上海、广州等地机场率先设

2004年10月26日，主持"乐当家理财卡"首发仪式
（正在发言者为作者）

立建行 VIP 客户休息室，使这项增值服务领先同业；⑤研发定活一本通，极大方便了客户；⑥推广上海分行"汇得盈"外汇结构性产品，使全行理财业务另辟了蹊径。

（3）完善和组建客户经理队伍，制定有关业务管理办法和考核机制。建立了上万人的个人银行客户经理队伍；作为主编，组织编写了 200 多万字的《个人客户经理培训教材》；首次组织培训 CFP 和 AFP 专业理财师队伍，为建立专业专注的专家队伍，抢占市场先机做了准备。

2005年4月，在常州培训中心主持"中国建设银行个人客户经理培训试讲班"并授课（前排左七为作者）

（4）组织上市前的尽职调查，全力以赴为上市做准备。当时，由于要改制上市，商业银行要面对广大公众，总行主要领导就把零售业务作为主战场，引进战略投资合作伙伴——美国银行，搞了"五项服务对接"，包括网点转型、境外汇款、电话银行集中分散式管理、个贷风险防控、私人银行和财富管理系统建设等。作为零售业务总的负责人和谈判代表，我有幸陪同当时的董事长，在美国银行所属有关城市分行和总部夏洛特进行了为期两周的尽职调查。并由我牵头，总行有关部门负责人参加，在境内境外组织谈判，推动网点"五岗一角色"转型落实，以及与美国银行的汇款业务对接成功。同时加班加点，研究对策，精心布局，组织实施，成为各大银行关注的焦点和领跑者。

（5）对管理体系进行重大调整。2005年，按照总行党委的安排，研究拟定了个人银行业务体制机制改革方案，分离了高端客户业务，组建高端客户部。同时，部署和协调了各分行的调整工作，要求确保稳健交接和发展，适应了市场和客户需求的重大变化，推动了私人银行业务和财富管理工作的顺利进行。

（四）在河南省分行担任行长、党委书记期间（2006年5月至2011年3月）

2006年5月初，总行党委派我到河南省建行任职，直到2011年3月我被提拔为总行批发业务总监，历时近五年。其间，我走遍了河南省18个地市、80多个县、200多个建设银行的机构网点。五年来，在总行党委的正确领导下，在省分行班子的协同努力下，经过全行上下团结拼搏，同仇敌忾，共克时艰，河南省建设银行实现了"五大突破"，即从严治行大突破、转型创新大突破、遗留问题处理大突破、业务发展大突破、社会影响大突破。在这期间，印象深刻的有关工作及重大变化如下。

（1）等级行排名大幅前移。为了调动各个分行的积极性，强化在市场和系统中的竞争力，总行对各个分行的业绩考核实施了等级行制，共分为三类。2006年5月我去河南省分行工作时，总行领导给我做了介绍，河南省分行是个大行，在职人员和协解人员较多，机构网点也多，并存有"五大历史遗留问题"，特别是业绩考核在全行等级行排名为三类行末位，要求调动班子和全行同志的积极性尽快努力赶上。经过几年全行同志的拼搏，河南省分行摘掉了落后的"帽子"，等级行考核由2005年在全国建设银行系统内排三类行末位，到2008年跨进了一类行序列，实现了三年迈了三大步。

（2）各项业务指标实现了"系统跨越、同业领先"。考核银行业务的指标很多，包括经营利润、存款新增、贷款新增、中间业务收入新增、信用卡和电子银行客户数及交易量、资产质量等，我们连续五年创造了河南省分行历史上的新高，大部分指标位居工、农、中、建四大行和其他同业之首，在全国建设银行系统内的37个一级分行中，位次也逐年前移到前十，有的还名列前茅。

（3）各项改革和经营转型大刀阔斧。不能忘记，河南省分行在全国建行系统中率先进行了对私、对公业务的事业部制改革；完成了风险管理体制、会计运营体制和审计体制的改革；组建成立了经费共享中心、大中型项目评估中心，推行了IT集中管理；完成了全行600多个网点的转型，建成了每个地市都有的大约10余家财富管理中心、100多个理财中心、30多个个贷中心，实施了流程化的贷款审批。

（4）"五大历史遗留问题"妥善解决。具体包括：①采取内部竞价的方式，组织对中建银投委托的两栋高楼的遗留房产的妥善处置；②圆满完成对挂账3亿~4亿元的住房分配货币化进行处置，这是一个最大的难点，令许多人难以置信；③妥善安置514名自办实体人员；④积极向省有关部门反映，对不良贷款剥离后又反诉建行的上百起案件进行妥善处理；⑤解决了1500名老干部统筹外补贴事宜，规避和消除了一些不稳定的因素。

（5）从严治行深入推进。其间，我提出了"出重拳、下重药、除重疾"的治理方针，对已出现或潜在的风险案件和隐患，组织研究拿出了具体的应对或治理方案，科学有效地规避了已经或潜存的重大风险；建立了每季度召开一次"从严治行万人电视电话会"，对当季出现的重大违规违纪问题进行责任追究和通报，警示教育全行员工。实践证明，这个办法相当有效，在后来换了几任行长的情况下，仍然坚持了这个制度；出台了"从严治行通报制度""科技监控制度""重点业务稽查制度""检查责任追究制度""引咎辞职制度"等，规范和严肃了业务运营中的制度化监督检查；在全国建行系统首个建立"领导班子及其成员制度化考核制度"、首个试行"巡视制度"等，促进了各级行班子成员的严以律己、率先垂范；毕马威评定的内控风险等级逐年上升，而且稳居全国建行系统前列。

（6）客户的忠诚度、满意度大幅提升。2007 年以后，总行每年在系统内组织神秘人检查，河南省建设银行优良率一直名列前茅；河南省政府每年组织政风行风评议，河南省建设银行连年获得"先进单位"称号，受到省政府表扬；河南省建设银行每年在省企业家协会组织的评比中获得"百强企业"称号，被中国主流媒体联盟及省内有关单位多次评为"十佳好分行""最佳理财分行""用户最满意

2006年10月，赴基层调研时（前排居中为作者）

的银行""河南人民最喜爱的银行"等；新华社《国内动态清样》曾对河南省建行抓创新、求发展进行专门报道，这在全国建设银行系统和同业中尚属首例。

（7）注意关心员工生活。从2006年以来，河南省建行每年都确定十件大事实事组织落实，包括建立补充医疗保险和弹性福利机制、建设综合业务楼和"职工之家"等一系列事关员工切实利益的政策措施和大事难事；建立专业技术人员和核心人才备用库；注重薪酬待遇"向一线、向前台、向基层、向经营部门"四倾斜机制，受到广大员工的欢迎；员工收入逐年增长，员工年收入由2005年的每人平均3.9万元增加到2010年的9.3万元，激励了广大员工干事创业的积极性和主动性；努力解决员工反映的热点难点问题，信访、群访和维稳工作受到省里和总行表扬。

（8）积极履行社会责任。"一方有难，八方支援"，这是中华民族的传统美德，也是企业应尽的社会责任。2007年7月，河南省分行向遭受严重洪涝和风暴灾难的信阳、驻马店捐款45.2万元，2008年2月向遭受严重雪灾的信阳、南阳、驻马店三市捐款80万元，这些举措在全省金融系统起了很好的带头作用。2008年"5.12"汶川地震发生后，河南省分行党委高度重视，组织全行员工多次捐款和缴纳特殊党费共计792万元，位居当地同业之首，在全国建行系统也名列前茅；2009年向旱灾严

接受《银行家》杂志记者采访时

重的驻马店、上蔡县捐款 80 万元等。这些善举，充分展现了建设银行作为大型商业银行的社会责任感和精神风貌，受到社会广泛好评。

（五）在总行担任高管期间（2011 年 3 月至 2015 年 5 月）

2011 年 3 月，我被提拔为总行批发业务总监、公司与机构业务委员会副主任，成为建设银行的高管，工作的积极性和主动性更高了。在这期间，主要是协助总行几位行领导负责公司机构业务（大约七个部门）工作，主要任务是与各大央企和各级政府、大企业联系战略合作和业务的管理工作，对外做得最多的工作是会见、谈判、调研、营销、签约，广泛发展和密切客户；对内则主要是协调各部门的工作关系，强化责任和落实。印象深刻且在社会及同业中有影响的有四件大事。

（1）抓工程造价咨询业务。这是建设银行的一项传统的优势特色业务，主要是接受客户委托，从建设项目决策到项目建成各个阶段，对工程建设投资标的进行确定和控制，提供专业咨询服务。建设银行上市后，将此项业务交由中建银投资管理，但在管理体系上非常不顺。由于建银投在各省没有机构，又委托各地建行代管，所以在2012年我带上公司部总经理袁桂军，与建银投张睦伦总裁商量，重新由建行负责管理。建设银行之所以要接手，主要是每

2012年10月底，主持中国建设银行工程造价
咨询业务推介会（前排正中为作者）

年能给我行带来几十亿元的中间业务收入，且发展潜力未可限量，同时还能稳定一批专家队伍。鉴于此，总行每年都召开一次全国性的专题会议，每次会议我都出席，与各行交流情况，提出目标，加强考核，推动了这项特色优势业务的健康发展。据统计，这项业务接手后的第二年，带来中间业务收入80多亿元，之后每年都在平稳增长。所以说，抓与不抓，大不一样；抓好抓坏，大不一样。

（2）推进小微企业业务不断拓展。从2011年以来，中央和国家有关部门对此项业务高度重视，建设银行积极响应。作为主抓这项业务的分管领导和有关部门，我们积极建言献策，在考核政策上采取"两个不低于"和目标监管的措施；在产品上，积极与工信部等部门，推广各分行与地方政府和企业联动的一些好做法，先后推出"助保贷""速贷通""成长之路"等产品，解决小微企业"融资难""融资贵"问题，受到工信部、监管部门和地方政府及企业主的欢迎，使这项工作搞得既轰轰烈烈，又扎扎实实。

（3）研究制定并推进综合金融服务方案的执行。这项措施主要是针对集团客户进行。综合金融服务是一项系统工程，非常复杂、非常细致，也非常严密。随着直接融资的扩大和客户结构的变化，集团客户业务面临着激烈竞争，客户的综合金融服务需求层次高，营销难度大。一些管理水平高的重要战略客户甚至开发出模型，通过分析金融机构，用综合贡献度来统筹分配业务份额。面对新的形势、新的挑战，我多次组织总行集团客户部和公司部等部门，反复研究论证，采取有针对性的产品组合和提高全方位的金融解决方案，满足客户需求。主要做法是，按照"以客户为中心，以市场为导向"的理念，重新规划和设计营销策略，来推动银行服务从传统的存、贷、汇为主，向融资、融智并重转变，向快速影响客户需求、提供综合金融服务的模式转变。

那么，何谓综合金融服务方案呢？那就是根据客户的经营模式与风险特征，研究制定涵盖定价、产品、流程、授权等差别化管理政策在内的综合金融服务组合。这个方案突破了传统经营理念和模式，在制度、产品、技术等方面进行了全面革新，突出了综合服务能力、综合定价能力、价值创造能力及风险防范能力，实现了从单一客户、单一产品、单一层次经营，到集团客户及上下游多个子公司、多种产品、多个币种、多项业务综合覆盖的重要转变。

综合金融服务方案的建立，可以说意义重大。它塑造了"一点营销、联动服务、综合解决"的重要载体，适合总分行级战略性客户、总分行级重点客户应用。这个方案的实施，有利于商业银行综合性、多功能、集约化经营的快速推进，有利于提升客户的含金量和贡献度，有利于响应中央关于加快国有企业和小微企业转型的方针和政策，有利于推动国民经济的快速发展。

（4）推进供应链金融服务。这是一项系统工程，比综

2012年9月下旬，主持中国建设银行与宝钢集团有限公司银企
合作交流会（前排左五为作者）

合金融服务还要复杂，工作量更大，主要是针对核心企业
和上下游企业进行。

　　所谓供应链金融服务，是指银行向核心企业提供融资
和其他结算、理财服务，同时向这些客户的供应商提供贷
款及时收达的便利，或者向其分销商提供预付款代付及存
贷融资服务。简单说就是银行将核心企业和上下游企业联
合在一起，提供灵活适用的金融产品和服务的一种融资
模式。

　　从内涵上看，供应链金融就是对信息流、物流、资金
流的控制，从采购原材料开始，制成中间产品以及最终产
品，最后由销售网络把产品送到消费者手中，将供应商、

制造商、分销商、零售商、最终用户连成一个整体的功能网链结构。它不仅是一条连接供应商到用户的物流链、信息链、资金链，而且是一条增值链，物料在供应链上因加工、包装、运输等过程而增加其价值，给特定企业带来收益。从意义上讲：既能有效解决中小企业融资难题，又能延伸银行的纵深服务，经济效益和社会效益显著。我记得对国资委管辖的 113 家央企中有 70% 以上建行都与它们签订了全面战略合作备忘录，并对其 50% 以上提供了供应链金融服务，受到了各大央企的欢迎！

（六）在建信基金管理公司担任董事长、党委书记期间（2015 年 3 月至 2018 年 5 月）

从 2015 年 3 月 26 日开始，我接替总行副行长杨文升同志（当时他兼任公司董事长）成为建信基金管理公司新的掌门人。2017 年建信基金管理公司成立党委，总行又任命我为党委书记。

建信基金管理公司成立于 2005 年 9 月，是建设银行的第一个子公司，也是一个合资公司（建设银行控股，占 65%；美国信安占 25%；华电集团占 10%）。在此任上，我工作了三年多，这三年多，可以说是我职业生涯最后的三年，也是我认为最有成就感的时期之一。

三年多的建信基金工作，我感受最大的是：抢机遇、抓布局、建机制、谋创新、促联动、塑文化、重风控。所谓抢机遇，就是在2015年上半年资本市场最火爆的时候，紧紧抓住市场和客户的变化需求，发产品、促营销，赢得市场竞争的主动。同时，及时组织力量拟定了"抢抓机遇，加大创新，推动公司规模效应尽快做大做强"的报告，引起总行党委的高度重视，并给予有效指导。所谓抓布局，就是在2016年，根据市场变化和公司实际，在调查研究的基础上，组织专门力量制定了公司五年发展规划，明确了"国际一流、国内领先"的战略愿景、核心价值观、主要目标和举措等，为公司发展做好了全面布局。所谓建机制，就是针对基金业市场化、专业化强的特点，招投标咨询公司，分别建立虚拟股权和MD职级体系，为员工职业生涯发展搭建平台。所谓谋创新，就是明确"创新引领、转型制胜"的方针，建立创新激励机制，每年在产品研发、营销推广、技术实现等方面，对有创新成果的团队和员工进行激励和大力表彰。所谓促联动，就是对总行部门、省分行及有关个人和机构投资者等，确定目标，加强联动，实现突破。所谓塑文化，就是对原有的企业文化进行重塑，经过招投标，选定正略钧策为公司设计方案，经过公司上下员工反复讨论，终于形成了公司新的企业文化，即"梧桐文化"。所谓重风控，就是建章建制，确保有章可依；针对重大风险，建立风控流程和追偿追查制度，确保不发生大的风险事件。

　　三年多的建信基金工作令我难忘，也令我欣慰！难忘和欣慰的是：公司管理的资产规模实现了大跨越，由 2014 年底的 2700 亿元达到 2018 年底的 1.5 万亿元，跻身 110 多家公司的前两位；经营的净利润实现了大飞跃，从 2005 年公司成立到 2014 年，公司每年净利润才 1 亿多元，而 2015 年当年就达到 4.78 亿元，2016 年达到 9.13 亿元，2017 年突破 10 亿元大关，进入行业前列；员工收入实现了大翻身，平均每位员工的收入都翻了一番；公司品牌实现了大晋位，连续三年被评为行业"金牛基金公司"等大奖；我个人也被评为中国基金风云榜——风云人物、中国投资者最认同公募基金领军人，也连续两年在总行的业绩考核中被评为 A 档，受到总行领导和同志们的称赞。可以说，公司每走一步，都浸透着班子成员及全体员工拼搏的汗水；每取得一项成绩，都凝聚着团队的智慧和力量！

2017年3月，出席在台北召开的美国信安集团亚太区销售会议
（前排左八为作者）

第七篇 | **职业生涯启示录**

银行业是我职业生涯发展的起点，也是我用心血和汗水筑成的归宿。亲历建设银行不同阶段的改革发展和变化，感慨万千令人回味，但感受最深刻的有以下几点。

一 "三个认知"要吃透，管理相连竟自由

管理，涉及的领域很广，但与银行业经营管理相连最为紧密的几个概念是：管理、领导、决策、经营和激励等。对于这些概念，大家并不陌生，破解"管理"相连之谜，对提升我们的领导素养和管理水平，影响极大。这里我结合职业生涯实践中的感悟，谈谈管理上需要吃透的"三个认知"。

第一个认知是：要深刻认知管理与其密切相连的概念的内涵。主要包括五个方面。一是"管理"的概念和内涵。从其要义看，它是银行经营决策、规划、组织、推动、控制等一系列过程的总称。管理的目的是效率和效益；管理的核心是不同级别和岗位的负责人；管理的真谛是聚合金融企业的各类资源，充分运用管理的功能，以最优的投入获得最佳的回报，以实现既定目标。从银行业看，管理的一般内容是：KPI 指标管理、质量管理、成本管理、风险管理、财务管理、组织管理、劳动人事管理、营销管理、团队管理、企业文化管理等。作为一个银行的经营管理者，只有厘清上述概念及内涵，才能对银行的经营管理明确思

路，绘制蓝图，做出切实可行的部署。二是"领导"的概念和内涵。领导，是领导者及领导活动的简称。领导是管理的基本职能，它贯穿于管理活动的整个过程；领导者是指在正式组织中经合法途径被任用而担任一定管理职务、履行特定管理职能、掌握一定权力、肩负某种管理责任、以更有效的价值实现组织目标的个人或集体；领导活动是指领导者运用权力或权威，对组织成员进行引导或施加影响，使组织成员自觉地与领导者一道去实现组织目标的过程。领导工作包括领导者、被领导者、客观环境或对象、职权和领导行为等要素。作为领导，最主要的作用是组织功能、激励功能、控制功能、服务功能。三是"决策"的概念和内涵。从其要义上看，基于银行董事会的使命，在内外部环境条件的约束下，对一定时期内经营管理发展的目标及所要达到目标的最终必选方案进行评价、优选的一系列管理职能的活动，这就是决策。银行决策目标有五个特点，即可预知性、可计量性、可选择性、可规定期限、可确定其责任。四是"经营"的概念和内涵。经营是指筹划并直接负责运营银行的业务，也泛指具体的计划、组织和推进。经营与管理，大家通常是随口一起说，实际上二者既有联系又有区别。经营是剑，管理是柄，管理是基础；经营是管理的反映，管理是过程的控制；经营是具体操作行为，管理是对内流程的控制杠杆；经营是靠广大一线或直接面对客户的群体去应对，而管理是通过不同层级的领导者对过程的控制来保障经营结果指标的实现。经营的形式很多，包括单个经营、团队经营、合资经营、综合经营、条线经营、块块经营等，怎么便捷、怎么省力、怎么有效，只要不违规，就怎么来。五是"激励"的概念和内涵。激励是激发和鼓励的意思，是管理过程中不可或缺的环节和活动。有效的激励，可以成为银行经营管理活动的动力和活力，并实现组织目标。激励有自己的特性，它以组织成员的需要为基点，以需求理论为指导。激励的方式很多，包括内在激励和外在激励、精神激励和物质激励、团队激励和个人激励、即期激励和远期激励、静态激励和动态激励等。如果将激励保持一种常态化并持续发展，就形成一种激励机制，也就是说通过形成理性化的制度，来反映激励主体与激励客体相互间的作用方式，目的就在于充分挖掘和调动人的主观能动性，实现管理要达到的目标或欲望。

第二个认知是：要深刻认知与管理密切相连的"四重关系"。这"四重关系"包括管理、决策、领导和激励之间的关系，每个关键词都有着深奥的学问：一是管理要先"理"后"管"，重点在"理"；二是决策要先"策"后"决"，重点在"决"；三是领导要先"领"后"导"，重点在"导"；四是激励要先"激"后"励"，重点在"励"。为什么这样说？从管理学的角度讲，厘清思路既是前提，又是重点环节和内容，厘不清就无法对症下药去管理；从决策的角度分析，一定要找准适销对路的举措，这样才可以决断做与不做、怎样去做、谁人去做的问题；从领导力的角度看，作为领导一定要去分析和研究，带领大家找准切入点或突破口；从激励的角度分析，这是领导者或管理层调动全员积极性的重中之重的工作，先激后励，先我后他，先心后智，先分后合，先实后虚，先正后负，激励结合，上下结合，心智结合，虚实结合，才能脚踏实地，立竿见影，无往不胜。

第三个认知是：要深刻认知不同层次管理者要拼什么。我的体会是，不同层次的管理者，比拼的内容和重点是不一样的。基层管理者主要拼"能干"。因为他们没有资源和背景，且处在最基层的管理岗位，比拼的只能是对事业、对同事、对上级无限的忠诚和不断努力，看谁肩负的担子重，看谁目标或业绩完成得好，看谁的方式、方法更有效。中层管理者主要拼"公关"。因为到了中层以后，客户关系维护和能力画等号，二者同样重要，无论是外部还是内部，都是一样的。必须明白一点，中国人做事喜欢认"人"，同样的事情总喜欢委托给自己的人和熟悉的关系客户。自己熟悉的人、熟悉的客户，有一定的诚信度，办事方便，如果出现问题，也容易控制和叫停。高层管理者主要拼"前瞻"。所谓"前瞻"，就是能站在全局或大局的角度，既要考虑眼前的事、微观的工作，又要考虑长远、宏观的问题，特别是与中央方针、政策保持一致性的问题，否则就会被淘汰出局。同时，高层管理者要不忘初衷，牢记使命，兑现入职前的誓言。以上这三层管理者的案例很多，正反两方面的经验和教训不胜枚举。

二　思路决定出路，布局决定结局

改革开放以来，特别是向商业银行转轨后，建行之所以能够转型成功，取得可喜的成绩，我觉得关键在于中央在不同阶段的职能定位和改革开放政策；在于历届总行党委及各级管理部门站位较高、政令畅通、结合市场和客户需求发生的重大变化，抢抓机遇，快速应对，提前谋篇布局；在于全行上下广大员工，齐心协力，团结拼搏，克难攻坚，赢得了市场竞争的主动。

以建设银行四次大的职能定位和发展为例，如果没有中央不断改革的意识和思路，没有国务院精心策划的宏伟蓝图和布局，没有自上而下周密地组织推进，就不可能有建设银行脱胎换骨的大转型、大转变、大格局。可以说，第一次财政职能的定位和发展，彰显了建设银行始终以参与和服务共和国经济建设为己任，始终把国家的利益、人民的利益放在首位，在共和国"一五"时期的大中型项目建设中，发挥了不可估量的作用；第二次国家专业银行职能的定位和发展，彰显了建设银行在国家金融体系中的重要地位，也拉开了全面拓展金融业务、不断完善银行功能的历史性序幕；第三次商业银行职能的定位和发展，彰显了建设银行"死里逃生""抢市场争份额""一心一意办银行"的伟大创举；第四次股份制银行的职能定位和发展（包括上市推进、集团打造、创新推动新金融），彰显了建设银行不断开拓进取，赢得跻身国际大行前列、实现造福国计民生、谱写新的华彩乐章的历史性跨越。

大中城市行优先发展战略的确立，也是如此。在向商业银行转轨后不久，也就是1995年，由总行筹资储蓄部门首先提出并被总行决策层采纳的"大中城市行优先发展战略"，意义重大，影响深远，不仅对抓零售业务有巨大影响，而且对抓批发业务、金融市场业务、战略性业务等，都产生了极大的推进作用；不仅对本系统几十年来经营发展有重大影响，而且对同业也都有很大的带动作用。当初是怎么发现的呢？主要是通过调研和统计发现：省会城市和经济发达地区的储蓄存款增长远远超过一般城市，甚至超过几十倍。那么，如何确定大中城市行？当初的主要依据是：人口、GDP、人均收入、储蓄存款等近三年发展的主要经济指标，最后确定了100家大中城市行作为吸储的重点并予以政策倾斜。后来，总行历届党委都将大中城市行优先发展战略，作为全行各项业务和各级部门的工作重点。

在营业网点的转型上，坚持"一张蓝图绘到底"，更加证明了蓝图决定前途、布局决定结局的"光明"与"伟大"。我记得，建设银行一共经历了四次转型，成为引领同业的标杆。第一次转型是从 2005 年底开始，与美国银行合作在网点实施"五岗一角色"，推进了网点的标准化和规范化服务；第二次转型是建立理财中心，推进了客户在网点的差异化服务；第三次转型是打造私人银行和财富管理中心，实现了高端客户在网点的个性化服务；第四次转型是推进营业网点的综合化经营，包括对公对私业务的综合化、柜员服务的综合化、营销团队的综合化。如果说前三次转型都是针对个人业务和网点的体制机制进行的，那么第四次转型主要是针对网点的对公对私业务和体制机制统筹考虑的。这几次转型，尤其是第一次转型的内涵和布局，

2006年4月，牵头负责零售业务网点转型，带领总、分行有关部门负责人与来华尽职调查的美国银行有关专家进行业务转型接洽（左一为作者）

被同业效仿或追逐。营业网点的前三次转型，我觉得是对细分市场、细分客户、细分产品、细分服务和精细管理的一次财富观、消费观、市场观和社会发展观逐步形成的伟大创举；第四次转型是对市场新变化、客户新需求、产品新打造、服务新定位的更深刻的认知。

三　班子硬、作风正，各项工作能推动

总结我走过的所有条线、岗位，我得出一个结论：团结是力量，团结出干部，团结出业绩。特别是领导班子中的班长和成员间的团结拼搏和务实作风更为重要。俗话说："火车跑得快，全凭车头带。"无数的实践都验证了这一点。

某某省建行是全行的大行之一，也是比较难搞的省行之一。社会上流传着该省有"两多"：人口多、告状多。2006 年 5 月，我奉命去赴任前，组织上找我谈话：系统内有"两难"即某某省和某某省。当时，某某省行在职员工 1.6 万人，协解人员 1.4 万人，协解人员占全国建行协解人员的 1/7；机构网点 630 多个；在等级行排名中，居三类行之末；在中国银监会还挂有一个大案子——某二级行账外违规经营 4.1 亿元；该省行的"五大历史遗留问题"有待处理；班子成员的凝聚力需要加强。听到这些情况，开始时我的确有点畏难情绪。

赴任后，第一次党委会，我就强调了"维护班子团结，

要像爱护自己的'眼珠子一样'，要从我做起，从每个人做起，从现在做起"。同时，紧锣密鼓地深入调查研究，提出了"从严治行，规范管理，强化服务，加快发展，全面开创某某省分行工作新局面"的治理方针，组织班子成员分析现状，研究针对性的解决方案。经过省分行党委会反复讨论，逐步形成以下决议并组织落实。一是调整班子成员分工，并首次实行 AB 制，以调动每个成员的积极性。所谓 AB 制，就是每两个党委成员组成一个 AB 组，彼此互换角色，既有自己主要负责的工作内容，也有协助其他成员工作的内容，特别是在 A 角或 B 角不在的情况下，要主动分担对方工作。二是对于"五大历史遗留问题"，实施党委成员分工包干责任制，每人包一项，限期拿出方案，最后经党委会讨论审定。三是对于案件多发、高发问题，责成纪委书记及有关分管行领导，包括一把手在内，组织专门团队，具体研究拿出方案，经党委会最后决策；同时决定建立风险案件督导机制，从 2007 年开始，建立了每季召开一次"从严治行万人电视电话会"，时间为晚上 7 点半至 8 点，共半个小时，要求全省系统全员参加，通报当季重大违规违纪问题，并由风险发生所在行做风险案件解剖。尽管后来省分行换了三任一把手，但目前还坚持执行这个机制，有效遏制了违规经营的多发和高发问题。四是在全省二级分行和县级行，建立了领导班子及其成员制度化考核机制，并在全省会上点评，这在全国建设银行系统和同业尚属首例。正是因为我们抓班子、指路子、正作风、重考核，才使某某省建行各项工作实现了"大翻身"：从三类行之末进入一类行之列；"五大历史遗留问题"得到妥善解决；各项主要指标新增位居同业前列；在省政府组织开展的政风行风评议中，连年被评为文明单位。

2008年10月，时任中国建设银行河南省分行行长、党委书记，与班子成员合影（右三为作者）

在抓班子建设中，我深切体会到：改革布局靠班子，市场竞争靠团队。所以，在五年的工作实践中，我们注意各级管理团队建设，努力打造"五型团队"，即学习型团队、创新型团队、合规型团队、实干型团队、清廉型团队。同时，要求领导干部修炼"五气"，即修正气、修骨气、修才气、修大气、修人气，这是我们事业成功的关键。实践也使我进一步认识到班子成员要坚持遵守"四不"守则。作为班长要坚持的"四不"是：总揽不独揽、客观不主观、果断不武断、放手不撒手。作为副职要坚持的"四不"是：献策不决策、到位不越位、超前不抢前、出力不出名。班子成员之间要坚持的"四不"是：理解不误解、补台不拆台、分工不分家、交心不存心。班子成员对下要坚持的"四不"是：用人不疑人、管事不多事、讲话不多话、严格不严厉。由于班子成员的模范带头作用得到充分发挥，全行上下团结拼搏，赢得了该省建行五年来在系统内和省内同业的好评，我本人也被评为该省金融系统先进工作者，省五一劳动模范，2008年还被总行评为中国建设银行十大突出贡献奖，2009年获批享受国务院政府特殊津贴。

2009年获批享受国务院政府特殊津贴

四　人叫人干人不干，政策调动千千万

　　激励约束机制，能使我们事业发展充满活力，这一点，在市场化的合资基金公司中体会得更为深刻。职业生涯的后三年多里，我在建信基金管理公司任董事长，注重用市场化机制调动全体员工的积极性和创造性。特别是针对专业化、市场化、年轻化、差异化的建信基金管理公司，我们在调查研究的基础上，决定招标著名的韬睿惠悦咨询公司，并结合公司和行业实际，设计了灵活的激励约束机制，使公司发展受益匪浅。这个机制，就是建立虚拟股权作为长期激励的工具，不仅可以激励中流砥柱的投研团队，也可以激励中后台团队；不仅激励大家完成当年目标任务，也针对以后年度目标；不仅可凝聚高管团队，也可促进各层级员工团结，将员工每个人的成就捆绑在一起，使全体员工心往一处想、劲往一处使、汗往一处流。这样的机制，明显地增强了大家的凝聚力、向心力、战斗力，大大减少了离心率、流失率。

　　同时，从2016年以来，公司着手建立MD（Managing Director，即董事总经理）职级体系，调动各级业务骨干的积极性。为加强公司的职级管理，规范公司职务体系，拓宽员工的职业发展通道，借鉴国际同业的先进做法，结合行业特点和公司实际，经过调查研究并经董事会审批同意，

从 2017 年开始试行 MD 职级体系。毋庸置疑，公司岗位管理体系比较成熟，主要是对员工承担的工作职责进行规范和管理，而 MD 职级体系，主要是针对岗位的内在价值进行等级划分和评价管理，使之成为对业务人员进行分类管理的工具，其重要意义就是打破"官本位"，体现专业导向，有利于促进个人职业生涯发展目标和公司目标的统一。实施后的公司职级体系共设 9 个职级、11 个职等，包括高管级、MD、ED、D、SVP、VP、SA、A、AN（Ⅲ、Ⅱ、Ⅰ）；岗位序列分为管理岗位序列和 6 个专业技术岗位序列，每个序列包括一些岗位和 MD 职级。MD 职级体系的形成，对公司上下影响极大，特别对那些没有行政职务的业务骨干来说，无形中给他们注射了"兴奋剂"，调动了其各方面的积极性和工作的主动性。我们公司也是国内同业最先使用这个机制的公司之一。

五 创新是动力，竞争是实力

创新，是业务发展的源头活水，也是激烈市场竞争的冲击波和吸引力。美国经济学家熊彼特对金融创新给予了清晰的概念：创新主要是指产品创新、技术创新和制度创新。多年的实践使我体会到，创新需要"三量"：即敢闯敢干的胆量、可以持续发展并有竞争力的科技含量、遵守规则并经得起检查和检验的正能量。

建设银行在开拓网上银行业务上就是如此。20世纪90年代中后期，网上银行在国内刚刚兴起，对每个行业和个人来说，它都是一个全新的概念。如何尽快拓展业务，需要突破理念、技术和业务制度上的束缚。2000年上半年，总行党委决定将个人银行业务部、网上银行部和信用卡部三部合一，网上银行部和信用卡部这两项新业务内容由我分管。我记得总行领导很重视网上银行这一新工具、新业务的拓展，责成我牵头，由个人银行业务部、信息技术部、清算中心和会计部等部门组成专门团队，从各省（市、区）分行选调10多位业务和技术专家，集中在北京建银大厦若干天，分成几个小组，研究需求、操作制度和

2001年4月5日，与有关同志在第五届中国国际电子商务大会上回答中外记者的提问（左三为作者）

技术开发方案，经过近一个月的时间，终于研发了B2B对公业务的10大功能，在2001年初举办的第五届中国国际电子商务大会上，建设银行的网上银行业务榜上有名，我也在大会上交流经验，并在媒体见面会上回答记者提问得到广泛好评，后又被中央电视台专门采访。从此，建设银行的电子银行业务（包括网上银行、电话银行、自助银行业务）走向了社会。我记得我带队到海尔集团去营销网上银行业务，他们董事局一位副主席接待并听取了我们的演示汇报，觉得很受启发，后来将一部分业务从某某银行转到了建设银行。

从"速汇通"业务的创新看，建设银行开了商业银行开办个人汇款业务的先河。过去，这项业务全部由邮政储汇局一家独揽。1997年，总行领导李早航副行长敏锐地意识到了这项业务的发展潜力，责成我们筹资储蓄部会同总行有关部门研究开发。在研发这项业务的过程中，时任总经理辛树森同志挂帅，责成我和张继波等同志具体组织开展调查研究，经调查发现，这项业务的确潜力巨大，如果研发成功，预测每年可直接增加收入2亿元以上。于是，我们就向行领导提交了专题调研报告。领导批准后，组成了由筹资储蓄部牵头，会计部、清算部、技术部等四个部门参加的专门团队，集中人员、集中地点、集中时间，克服各种生活和工作困难，到北京的张家港饭店，昼夜奋战，经过两个多月的集中研发，终于研究出电子汇款的四种模式（账户—账户、账户—现金、现金—账户、现金—现金）。考虑到当时网点条件的限制，按照"先易后难"的原则，我们先开发了第一种模式（账户—账户）的汇款，并成功试运行，我给它起了一个很好听的品牌名字叫"速汇通"。结果，当年实现汇款收入近 2 亿元，占到了邮局此项收入的 1/4。后来，这项业务经过不断革新和完善，每年创造收入都在 10 亿元以上。这项创新业务，解决了城乡居民"汇款难、汇款贵、汇款跑断腿"的大问题，在社会上引起很大反响。同时，也增加了建设银行收入的贡献度，为同业都开办这项业务充当了很好的开路先锋。

从建信基金管理公司讲，自 2015 年下半年以来，每年在创新方面我们下的功夫很大。过去，建信基金管理公司跟随创新的多，而引领创新的很少。2015 年 3 月底新一届董事会成立后，我们提出"创新引领、转型制胜"的方针，公司将创新和转型作为市场化业务的重中之重，建立了制度机制和规程，每年都请各部门提出创新和转型具体项目，每年都评比十大创新项目和产品。由于对创新和转型工作的高度重视和及时推行，公司的创新和转型工作蔚然成风，多项业务发展领跑同业。比如在公募基金方面，2016 年发行的首只货币 ETF 产品，成为跻身行业前五的工具化产品；2016 年研发养老 FOF 方案，在行业率先推出专户 FOF 产品，并成为首批上报公募 FOF 产品的基金公司；2016 年公司新发公募产品 22 只，较上年增加 8 只，首发规模 1195 亿元，行业排名第一。在专户基金方面，针对市场热点和监管政策频繁变动的特点，2016 年公司通过定制化和系列化的产品供应，先后研发出策略保本、量化定增、量化多策略、结构化挂钩、定制期权、FOF 六类创新产品。据统计，当年新增一对一、一对多产品 181 只，成为历史最多，极大地满足了客户多样化的投资需求。2017 年公司贯彻"创新引领"理念，加大创新力度，实现了"速盈"产品、公募 FOF 产品、与蚂蚁金服合作的互联网品牌基金等多项业务发展领跑同业。

六　营销谈判须智慧，破解僵局找关键

多年来，在营销一些优质大户或集团客户时，难免在业务合作包括定价等重大问题上，出现一些谈判异议。对此，作为银行的管理层负责人和首席客户经理，我们既要冷静思考，把握重点，着眼未来，坚持原则，又要迅速厘清头绪，变换思维，投石问路，化解僵局。实践给我的启示是要用好"五法"。

（1）问题引导法。谈判中，遇到重大问题有争议后，先接受异议或争议，然后快速将客户的争议转换为问题，向客户进行"反问"，主动控制客户的思路，让客户顺着我方思路来分析和回答问题，这样，客户可能会排除自己的疑惑，提出的异议有可能不攻自破。比如，我们成功营

销某一大省能源集团企业就是如此。某省能源集团企业，由全省 5 个中小规模的公司合并而成，集团效益和实力位居全省前三，也是世界 500 强企业之一。对此省内各大银行"虎视眈眈"，均找上门去，与其商谈全面战略合作和重点项目合作事宜。该集团企业整天门庭若市，应接不暇。作为全省最大的银行之一，我们也不例外，积极争取与其合作。2008 年的一天，作为主要负责人，我与石永拴副行长带领有关部门负责人专门拜访了该集团企业的主要负责人商谈重点项目合作事宜。起初，该集团企业主要负责人总是绕着圈子说话，不想接触实际问题。他说他们企业

2009年，率省、市分行有关负责人，在南阳现场营销中核集团
副总经理孙又奇一行（左四为孙又奇、右四为作者）

的负债率已经接近70%，按照省里主管部门意见不允许超标。但他又不愿意得罪我们这些"财神爷"，所以总在那里强调："最近很忙，组织上让我们上党课，搞培训，无暇顾及。"但我们看得出，他实际上有难言之处。围绕他提出的新问题，我向他表示，"我可以协助为你单位培训有关内容"，特别是听了如何培训的具体建议后，其很快接受了我们合作的建议。第二天我专门给该集团企业100多名科级以上员工做了两个半小时的培训，很受该集团企业员工的欢迎！

（2）实证举例法。营销中双方提出异议后，作为银行的工作人员和客户经理可不直接回答或反驳，而是应通过讲故事、举例子来引导客户、争取客户的理解。因为中国人历来喜欢讲故事、听故事，而不喜欢讲逻辑。比如，我们说服当地监管部门和总行有关部门，成功地将济源建设银行副处级格升为正处级格就是一例。河南省济源市是该省的直辖市，虽然该市是副厅级的格，但书记和市长均为正厅级配置，建设银行机构的格也是副处级格。随着改革开放的不断深入，省委、省政府对该市发展高度重视，拟将其打造成河南省的卫星城。那几年，该市基础设施、环境卫生、产业园区等建设项目快马加鞭、日新月异，各项经济指标、金融指标、GDP人均、财政收入、居民存款、城市幸福指数等都发展很快。面对瞬息万变的市场形势，我们省行多次向省银监局和总行申请机构升格，但总是没有回音。最后我们专门组织力量，进行调查研究，发现升格的理由非常充分：一是四大行中只有建行和中行是副处级的格；二是当地多项指标，包括存贷款、经济增速、金融科技、幸福指数、财政收入贡献度等势头很猛，我行在当地的各项指标发展也很快；三是市委、市政府也有升格这方面的诉求。最后我们用事实说话，撰写了调研报告，向省银监局和总行申报后得到批复。

（3）综合谋划法。实践告诉我们：当出现银企合作争议时，可根据问题的大小和利害冲突的程度，采取"一揽子"或综合金融服务方案的做法，统筹考虑，这样可以使银企双方各有所获，实现总体合作上的双赢。如香港著名的珠宝店商——周大福，原本与建设银行没有任何业务往来，2014年11月，我受总行领导委托，拜访在港的建设银行大客户，当时北京分行要与周大福进行黄金交易业务合作，请求一块前往，并请我帮忙营销。到港以后，在拜访周大福的过程中，我发现该企业在中国内地零售店就有1500多家，如果能把金融市场业务与零售店金融服务业务一并合作，特别是为建设银行VIP提供优惠打折服务，这样将对建设银行整体业务发展大有益处，但问题是对方对建设银行的金融服务不甚了解，特别是在为建设银行VIP客户提供打折定价上有所顾虑。最后在我和团队成员的共同努力下，双方达成了全面战略合作的意向。回京后，我立即向总行领导做了汇报，总行决定让有关部门参与，尽快拿出方案，制定了为周大福提供一揽子的综合金融服务解决方案，使周大福这个客户在统筹营销、统筹定价、统筹享受金融服务等方面，实现了与建设银行的互惠互利。由于我们的综合谋划方案符合双方共同利益，所以经过各自认真准备，在2015年3月底，双方在深圳签订了全面战略合作协议，包括金融市场业务、个人金融业务、私人银行与财富管理业务等内容，这也满足了北京分行等重点进行黄金交易代理的需求。

（4）以退为攻法。实践使我深深体会到：业务合作谈判中，银企双方在一些大的问题上，一般都会坚持己见。为了使工作顺利进行，在语气上要千万注意，既不能太死板、说话伤人，又不能没原则、信口开河。我在谈判中使用的谋略是，先听、先记、先梳理，然后汇总，逐条逐个进行反馈。对于有争议的一般性问题，可考虑一些让步，但在另一个事项上，要争取对方更多的支持，以解决"东方不亮西方亮"的问题。比如，为满足河南技术产权交易所结算需求，建设银行最终成为中小企业产权交易结算银行就是例证。这个案例发生在2010年，当时工信部等部门，批准了河南技术产权交易所的试点方案。河南技术产权交易所准备运行时，要立即选择交易结算银行。当时，多家银行申报此业务，中国银行被初步选定，建设银行还未被确定，因为客户对建设银行有点成见，原因是这个项目在国家有关部门申请了8年，非常艰辛。早在申请之初，建设银行给这个客户曾提供过金融服务，但由于后来此项目长期没被批下来，建设银行放松了对它的金融服务追求，对此客户很有牢骚。后来我与几位同事先后三次登门拜访，既解释以前的客观情况和服务不到位的情况，又讲现在我行的技术实力和金融服务优势，使客户看到了我们的诚意，看到了我们的现状，看到了我们的优势，最终我行成为该中小企业产权交易结算银行。

（5）搁置听令法。银企合作中，出于各自利益的考虑，总有一些重大合作事项不能达成一致，特别是在跨国公司、银团贷款、综合定价及重大额度授信业务方面，我们银行的负责人和客户经理，一般权限低，面对项目金额大、风险隐患多、市场变化难以把握的情况，可考虑提出初步建议，然后回去向有权负责人报告。如中马产业园区理财项目营销就是例证。中马产业园区项目，是广西壮族自治区政府与马来西亚政府合作打造的一个产业园区，在项目合作之初进展顺利，但到中间时段，客户提出要用政府基金引导民间资金与银行合作，即搞个理财项目。由于我行在理财报价上与其他银行差距太大，双方合作项目一度停摆，其他银行趁虚而入，最后经过总、分行反复商量，从大局出发，用同样的理财价格，将此项目争取到建设银行来办理。

七　联动威力大，携手共发展

实践表明，改革转型要成功，强化联动不可松。产品创新也好，业务发展也好，许多工作都是系统工程，不仅要加强部门联动，还要加强条块联动；不仅要加强集团内各单位联动，还应加强集团和子公司联动。特别是2011年以后，随着经济全球化、金融国际化、市场一体化的发展，境内境外、系统内外、核心企业上下游，供应链金融的快速发展，银企和银政之间合作更为频繁，都需要加强联动，携手并进。建行那些年之所以能快速发展，我觉得联动是重要的推手。

实践中这样的例子很多。比如，在我担任总行批发业务总监（高管）期间，大约是2014年10月，根据当时王洪章董事长安排，对江西建行管辖的"双胞胎"企业做了全面细致的调查，并拿出了为企业提供全方位金融服务的方案。该企业是一个提供猪饲料的供应链企业，共有106个分公司和子公司，在全国28个省份和境外3个国家都有供应商，养殖客户达到150万户，下游有3万户经销商，核心企业上下游共有五层架构，业务包括存款、贷款、本币、外币、抵押、保证、理财等，涉及信用卡、储蓄卡、银行柜台、网银、POS、手机、ATM等。行内业务部门既有公司部、个金部、信用卡部、小企业部，也有营运部、创新部、网银部等17个部门；涉及全国28个省份的分行。如何为这么一个庞大的供应链企业提供金融服务，非常复杂，工作量相当大。在总行党委的支持下，在各个部门、各个分行的密切配合下，由我挂帅，组织有关部门和分行进行了一个多月的调研论证，拿出了一个全面的供应链服务方案。最后，由我在江西南昌主持召开现场会进行部署，终于给这个庞大复杂的供应链企业提供了系统完整科学的服务方案，受到了该企业的高度评价，同时也为江西分行和各省分行带来了可观的业务收入。

建信基金管理公司在 2015 年到 2018 年这几年发展之所以很快，一个非常重要的因素，就是新一届董事会紧紧抓住联动不放松，包括公司在内的前、中、后台联动，总公司与各分公司、子公司、营销中心的联动，公司和一些大客户的联动，特别是与建行集团从总行到各分行的联动。

2017年，建信基金管理公司董事会全体同仁合影
（前排左五为作者）

因为要销售基金产品，离不开股东单位强大的营销渠道；要拓展业务，离不开股东单位给我们的专户资产配置。实践中，我们一直保持密切联动沟通。同时，对公司的一些大客户，通过各种措施，强化营销联动，有力推动了营销工作向纵深发展。实践中，我们还坚持了营销联动的"七制"管理机制，即客户名单制、领导认养制、服务团队制、一户一策制、激励约束制、过程合规制、目标问责制，从而使新产品发行、销售目标和任务都能圆满完成，实现了公司、客户和各分行的多赢。

八　服务无小事，质量是生命

银行是服务行业，几十年来的实践表明：树立牢固的服务理念，是银行全体员工工作的前提；服务效率的高低，是客户评判银行好坏的标准；服务产品和服务工具的多寡，是客户是否选择的依据；精准的服务质量是银行持续发展的生命。这方面的故事很多，印象最深刻的有以下几例。

案例一： 2005 年四五月份，当时香港有个记者在北京王府井对工、建、中几家大银行储蓄所明察暗访，按照服务态度和服务效率排榜，在一家小报上刊出，并明确讲建行不如工行，这件事被当时的董事长知晓，要求我们立即到北京分行查实。作为总行个人银行业务部的总经理，我责成有关人员到北京分行了解情况。原来，当时正值中午吃饭时间，储蓄所值班人员很少，个别员工说话态度比较急躁，结果被媒体曝光。后来，我们对北京金融街附近的一家储蓄网点进行了暗访，也存在类似情况。抓住这个事件，我们认真反思，责成北京分行严肃处理，并进行了全行通报。后来，经过研究，我们专门建立了《神秘人检查制度》，使服务质量整体提升。这个案例告诉我们，微小的服务疏忽，都会殃及整个银行的声誉！

案例二：2005 年下半年，总行领导接到青岛一客户的投诉，反映客户本人在建行购买的凭证式国债被人兑付，投诉者隔三岔五到青岛分行上访和总行投诉。接到举报后，我们派调查组到青岛进行细致摸底和核实。其结果是：钱被取走，本人未签字。但当班柜员与其本人质对时，本人也承认取了，但事后又反悔，继续投诉。其主要原因是：工作人员粗心大意，没有让本人签字。对此，总行建议：一方面，责成当事柜员检讨，并请行里赔付；另一方面，总行经过慎重研究，制定了《营业网点和解办法》。这个案例说明，操作失误或工作质量不佳，都会导致信誉受损，甚至资金上的更大赔付。

案例三：2006 年 3 月，一台商在厦门一营业网点办理业务，由于我们承诺的服务时间没有兑现，耽误了台商登机时间，引起台商不满并投诉。对此，厦门分行一方面好言相劝、安抚客户，另一方面赔付了台商的机票，取得了台商的谅解。这个案例说明，服务承诺是有条件的，同时也必须给客户讲清楚，否则招致的后果不仅是信誉受损，还要搭上血本。

九　风险合规不去抓，持续发展问题大

金融业是高风险行业，风险无时不在、无处不有、无孔不入。多年的实践印证，这项工作软不得、松不得、放不得。所以，金融企业特别是银行业，必须始终把风险放在与效益同等重要的位置上，实践中这样的教训很多。

2006年初，也就是我去某某省分行任职之前，该省某二级分行下辖支行发生了账外违规经营4.1亿元的大案。起因是这个二级分行有关负责人王某某授意、指使辖属支行行长胡某某安排，由该行信贷人员、会计人员共同参与，绕开国家相关政策规定的限制，采取未经审批、账外核算的方式，为多家企业办理账外银行承兑汇票，进行违规经营活动，涉及责任人20多人。当时，总行、银监会都高度关注这个案子，直接领导查办工作。尽管后来我们将涉嫌职务犯罪的两个主要直接负责人移交司法机关处理，对其余人员从省分行到支行分别给予了开除、撤职、降级、记大过等处分，并强化了新班子建设，完善了有关制度，在业务政策上也给予了一些倾斜。但这个分行的经营业务和信誉受到了极大影响，经济增加值下滑、各项业务开展缓慢和客户流失率非常严重，三年多没有缓过劲儿。此案也

对整个省分行系统的形象产生了较大的负面影响。这个案例充分说明：抓合规、防风险，特别是内部的严格管理，是何等重要！

2016 年 9—10 月，建信基金管理公司持有的山东山水发行的超短期融资券 2 亿元到期需要兑付，由于该公司股东之间未能达成一致，发生了延迟兑付的风险事件。为尽力控制和化解风险，维护持有人利益，我们提前卖出持有的 8000 万元，但其余 1.2 亿元企业无论如何不给兑付。对此，我公司高管层高度重视，先后三下济南，并多次电话沟通大股东天瑞水泥总裁，还请求建行山东省分行出面协调，可谓费了九牛二虎之力，最终双方签订按月还款协议，到 2018 年山东山水基本还完了欠款。虽然这个结局尚属满意，但这个案例也给我们留下了太多值得总结的教训：不仅要关注内部的操作风险，还要关注市场变化的预警；不仅要关注信用道德风险，还要关注行业区域前瞻。一句话：抓风险与抓效益同等重要！

第八篇 | **难忘的"第一次"**

小时候，我曾梦想当作家，但未能如愿。只不过是在芮城中学读高中的时候，写过两个小作品在校刊上发表：一个是《七律·七一颂》，具体内容早已记不清了；第二个是《人民的好儿子——史永正》，后来入选《芮城中学文选》。1975年1月，我高中毕业后回村。每天在参加繁重体力劳动的同时，利用晚上间隙，挑灯夜战（当时村里还没通电）写写稿子，多次向芮城县人民广播站和运城地区人民广播站投稿并被采用。1975年8月，我有幸被选为公社秘书，主要为领导上传下达、写讲话稿和汇报材料，做些统计和上报等工作，也没发表过什么文学作品。1978年，我以全县优异的文科成绩考上了辽宁财经学院（现东北财经大学），学的是基建财务与信用专业，与当作家的梦想渐行渐远。所学专业的限制和后来职业生涯的发展，也改变了我的兴趣爱好，发表的大量作品主要是专业论文、论著，以及受邀访谈和在论坛上的讲话等，大多与经济、金融、财经等方面有关。

据不完全统计，从大学开始到现在四十多年来，我在《学习时报》《理论前沿》《思想理论内参》《投资研究》《中国投资管理》《建设银行报》《财政研究》《财政研究参考资料》《财务与会计》《金融会计》《经济研究参考资料》《当代金融家》《银行家》《经济参考报》《金融时报》《经济日报》等各种有影响力的刊物上，发表学术论文200多篇；由中国金融出版社等出版专著和主编书目10余部，参与编著书目若干部；主编中国建设银行《个人客户经理培训教材》（200万字），参与组织编写《中国建设银行岗位资格培训教材》；在新华社的《经济信息》专线和《今日头条》上发表作品180多条（篇）；撰写的工作报告、文件、情况反映有数百万字；受邀出席国际国内各种论坛上百次；接受中央电视台、中央人民广播电台、新华社的《经济参考报》、《银行家》、《当代金融家》等新闻媒体采访数十次；获得各种学术、媒体颁发的嘉奖作品十多次。在创作这些作品和受邀参加论坛、访谈的过程中，可以说有酸甜、有苦辣、有成功、有失败，许多情境仍然历历在目。下面，我把这些创作和受邀参加论坛、访谈、授课等方面的"第一次"记录下来，供广大读者在生活、工作和职业生涯发展上借鉴。

一 第一次学术论文发表

还是在上大学的时候，我就暗下决心，当不了文学作家也要努力多发表论文。上大学的前两年，由于学习紧张和病休一年，发表论文对于我来说心有余而力不足。从大三开始，随着身体的好转，特别是进入专业课学习后，我就萌发了写论文的想法。当时我们学习了《建筑工程概论》和《基本建设工程预算》的专业课后，我就利用课余时间，经常到学校图书馆查找资料，摘录有关案例和数据，准备写这方面的内容。

在刚写论文的时候，我也很茫然。面临的第一个问题就是如何选题。我琢磨了很长时间，得出的结论：一是要体现专业性，包括有关行业、产业、专项及区域成果方面的内容，以便很好地将所学理论知识与实践结合起来；二是要体现现实性，即要反映现实工作和生活中存在的较为普遍、较为复杂、社会反响较为热烈的问题，这些问题容易引起有关部门、单位领导的关注；三是要体现创新性或新颖性，就是所写内容在产品、技术、政策或制度方面，具有先进性和科学性，能为决策层创新和制定政策提供依据。所以，当时就构思了"工程造价上涨原因浅析"这个题目，既结合了当时的形势，又掌握了第一手资料，为论文的完成和发表奠定了基础。

在具体写作的时候，又遇到了新的问题，就是论文的三要素包括论点、论据、论证三者是什么关系。经过逐字、逐句、逐段地具体写作，我终于有了一个由浅入深、由表及里的认知：论点是所要阐述的观点，也就是对所论述问题的见解和主张，是文章主题的集中表现，是文章的中心所在，是文章的灵魂；论据是用来证明论点的材料、依据和理由，是论点存在的基础；论证是借助论据来证明论点的过程和方法，体现了三者的逻辑关系。通过第一次写学术论文，我对论文的基本构成、学术价值和实践作用有了较深的认知。

这篇论文写成之后，我没有急于投稿，而是进行了反复修改。特别是在观点、内容、结构、段落和段落之间的连接上不断润色，在此基础上，才寻找相关报刊投稿。至于国家的权威报刊，当时也不敢妄想，所以写出的论文《工程造价上涨原因浅析》，最终选择了辽宁省建工局主办的期刊——《建筑经济通讯》，并在该刊1982年第4期上发表。

第一次发表论文，着实让我心里高兴了一阵子。说老实话，所写的论文得到认可这比喝了蜜还甜，毕竟心血没有白费，汗水没有白流。加之，当时大学同级五个班的同学中发表论文的人极少，系里也鼓励学生进行科研创作，所以这激发了我更大的创作热情。我记得，在首次发表论文几个月后，我又在中国社会科学院主办的《经济研究参考资料》1983年第116期上，发表了《浅议基本建设投资包干》一文，引起了学院基建经济系分管科研领导的重视，让我在系里举办的科研座谈会上，作了《关于论文的选题》的介绍，并获得了"第三届基建系学生科研优胜奖"，奖了我两个笔记本。系里的关注和激励，使我对论文的写作更加积极、认真和执着。我写的毕业论文《试论固定资产投资的经济立法》被评为优秀论文，后来在财政部主办的《财政研究资料》1984年第40期被刊登。由于在校多次发表论文，这也给我毕业分配带来了好运。据说，中国人民建设银行总行人事教育部在来校选人的时候，需要一个能写的人，就从档案里选择了我，这是后话。

二 第一次在国际论坛上演讲

那是 1994 年 8 月前后，当时中韩两国建交不久，韩国《经济新闻》社邀请中国《经济日报》社于 10 月下旬在汉城（首尔）共同举办中韩财经专家交流论坛。中方选择由财政部和建设银行两家单位各派一位专家出席，要求专家分别谈谈中国的税制体制改革和金融改革的情况。很荣幸，我和财政部办公厅副主任刘佐被选中。

当时，我担任中国人民建设银行筹资储蓄部副主任，只有 36 岁。在论坛上具体讲什么好呢？刚开始心里没底。因为当时我国的金融体制改革正进入"深水区"，比较大的动作有两项：一是在 1993 年底，国务院出台了《关于金融体制改革的决定》，要求国有专业银行分离政策性业务，按照"四自"（自主经营、自负盈亏、自担风险、自我约束）原则，全面推进专业银行向商业银行转轨，实施资产负债管理；二是从 20 世纪 90 年代初开始，先后设立了上海证券交易所和深圳证券交易所，银行业和证券业混业经营呼声很高。经过再三琢磨，并报请行领导批准，我选择并准备了题为"证券业和银行业兼容对金融市场和经济发展的影响及其趋势展望"（文章发表时改为《略论证券业和银行业的兼容问题》）的演讲稿，应当说这个主题在当时比较新颖、比较难写，也比较敏感。

带着这个演讲题目，在《经济日报》社秘书长的带领下，我与财政部办公厅的刘佐副主任一行三人来到了韩国汉城。当时的论坛规模之大、规格之高、形式之新颖，出乎我的意料。论坛是在汉城一家较大的宾馆会议厅举行的，参加的人员有政界、企业界、新闻媒体，及一些大学的专家、教授和学者，共二百多人。韩国方面出席演讲的专家也是两位：一位是韩国财务部税制审议官；另一位是韩国大学的教授。

主席台上一共六人，除了四位演讲嘉宾外，其他两位分别是论坛主持人和评论员。每位嘉宾演讲结束后，主持人都会邀请参会的各界代表进行互动，然后评论员会就各位嘉宾的演讲进行评论。

当我演讲结束后，台下爆发出热烈的掌声，大家在提问环节向我提了两个问题。一是中国的银行业和证券业何时能够实现混业经营？二是中国的银行、企业什么时候能够上市？由于混业经营当时在中国能否实行还比较敏感，中国的银行业也刚刚开始向商业化转轨，有许多事情包括银证混业经营还没有任何政策、制度基础和环境准备，中国的商业银行上市也根本未被提上议事日程，所以我仅根据国际有关惯例，简单谈了一下银证混业经营和商业银行上市所需要的资质、条件、政策、市场环境等，并没有谈

出席汉城中韩经济研讨会后的观点选登

及具体的时间进程。虽然没有使韩国有关专家学者满意，但笼统地讲这些条件和环境，还是得到与会人士的理解，特别是得到现场评论员和中韩双方领导的充分肯定。我记得论坛结束当天，也就是 1994 年 10 月 27 日，中国的《经济日报》和韩国的《经济新闻》，分别将我们四位演讲嘉宾的所讲内容进行了全文刊登和报道。

回国以后，我也对首次参加国际论坛的经验教训进行了总结，概括起来主要有两条：一是对与演讲相关的主要内容准备不够充分，主要表现在知识储备的视野不够宽阔，特别是对国际上的相关案例知之甚少，所以在回答专家学者的提问时显得没有底气；二是参加国际论坛的经验不足，精神状态发虚，始终没有完全脱稿，而且现场解答问题不够冷静，回答个别问题时显得有点紧张，以致对本来准备得很充分的问题，解答得不够好。

有了第一次参加国际论坛的感悟，后来多次在国际国内举办的论坛上演讲，特别是脱稿演讲和现场互动解答就底气足了，应当说我对自己的表现还比较满意。

三 第一次出版专著

著书立说，是我儿时的梦想。大学毕业被分配到总行工作后，我先后在综合计划部、行长办公室、筹资储蓄部、零售业务部、个人银行业务部、营业部、个人金融部、河南省分行、总行高管、子公司董事长等部门和岗位，从事具体的业务操作和经营管理，并利用休息时间见缝插针地创作，发表了大量论文。根据经办业务和发表论文的实践，本着循序渐进的原则，编撰著书也经历了先从副主编做起，再做主编，最后到独著的发展过程。首先作为副主编，与王华等同志合编出版了《中国当代企业投资指南》（54.9万字，参与总纂并主笔有关章节）；与辛树森同志编著出版了《商业银行个人业务丛书》（全9册，约90万字，我负责总体策划、总纂和审改）。其次，作为主编之一，与魏仕贵、田椿生同志在中国金融出版社出版了《当代储蓄理论与实践》（30万字，我负责全书总纂和90%以上篇章的具体撰写）。最后，我个人先后出版了《说商道帮》《说行道长》《商业银行要义》《感悟：银行经营管理之道》等著作。我参与编著的书目则更多，包括《中国改革开放辉煌成就十四年——建设银行卷》《商业银行基本知识》《中国建设银行史》《中国金融实务大全》等十余部。对于著书立说，我的体悟是，不仅要有深厚的理论功底、扎实的专业基础，还要有渊博的业务知识和良好的文字综合能力。尤其是独立编著书目，对编著者的知识视野、统筹编辑水平和工作能力都是一次严峻考验，包括书面设计、体系统筹、文字编纂、市场营销、成本核算等，工作量很大，处理起来也很复杂，要实现所达目标的确不易。

我第一次独立著书是在 2009 年，那时我在建设银行河南省分行担任行长、党委书记，一次偶然的机会，我萌生了出版独著的想法。有一天，我与分管公司业务的副行长石永拴同志，去营销一家省内最大、也是世界 500 强之一的企业的董事长，见面寒暄之后，我们就谈到了国学和经商之道。当时，这位董事长就问我："你知道咱们豫商有什么特点？"我不假思索地回答道："小富即安、小步即止。"对方向我投来了赞许的目光。随后，这位董事长就邀我在第二天召开的该系统全省管理干部培训会上讲课，我欣然应允。至此我们双方重点业务合作也达成共识（有人戏称此为智力营销的成功）。此次合作之后，我就反复考虑，想把我掌握的历史上众多的经商典例写成一本书。

也就是在这样的背景下，我开始琢磨和探索如何写，最初我将书名定为"大话商帮"。根据我掌握的情况和收集的材料，原本想把我国历史上所有的经商名人都纳入进来，后来我发现一些商人不值得被弘扬和借鉴，于是我对其进行了去粗取精、去伪存真。接下来，还有两个问题一度使我陷入深思：一是写商人还是写商帮，商帮又如何定义；二是如果写商帮，它能给我们带来的营养价值是什么，或者说能给我们带来什么启示。

经过一番比较和研究，我觉得主体写商帮，里边代表人物写商人。正是这些商人在经商活动中的突出表现，才构成了不同商帮不同的经商特点和文化内涵。那么，何谓商帮？我在研究中发现，商帮就是以地域、乡缘为纽带而组成的商人集团，而不是以血缘关系为纽带的家族企业，它带有明显的地域性。进一步说，有商无帮不叫商帮，有帮无商不叫商帮，只有有商有帮才叫商帮。可以说，我完整地阐释了商帮的概念，也为写好该书奠定了基础。与此同时，我也在想，仅写一些商帮的情况和特点，意义似不大，要结合现实，挖掘其能带给我们的启示和动力。

在统筹策划的基础上，我决定将书名改为《说商道帮》，主要写中国古代著名的十大商帮，即晋商、徽商、闽商、粤商、鲁商、秦商、甬商、龙游商帮、洞庭商帮、江右商帮（赣商），而不是所有的商帮。因为这些商帮，是中华民族经商的优秀代表，学习和弘扬这十大商帮，意义重大，影响深远，值得各行各业借鉴。当然，在阐述这些商帮的特点和成功的秘诀时，也延伸出当代一些著名商人的经商故事。

从主要内容和体系上看，经过深钻细研，特别是从对现代各行各业指导意义上考虑，我决定分四部分来写：一是中国十大商帮的主要概况和特点；二是十大商帮具有的儒商文化精神；三是儒商文化对我们的启示；四是银行经营管理借鉴。

从写法上看，为了吸引读者阅读，增强该书的使用和收藏价值，我也进行了反复思量，决定运用几个结合：一是讲观点和讲重点相结合；二是讲理论和讲实践相结合；三是讲特点和讲故事相结合；四是图文并茂。

2010年，第一部专著《说商道帮》正式出版

书稿写成后，经河南人民出版社审定出版。一些同事、同学和亲友阅读后，对该书都比较认可。自 2010 年该书出版以来，我也收到一些高校、金融系统、企业、读书研究会、梯子教育等部门和单位的邀请，做过数十场与该书相关的演讲，受到大家的欢迎。后来，《当代金融家》约我对每个商帮的情况在杂志上逐一进行介绍，在社会上也引起了较好反响。

四　第一次承担总行科研课题并获奖

那是在 1991 年下半年，我担任建设银行筹资储蓄部综合处处长的时候，中国投资学会向建行系统和社会上发布了诸多课题，包括"研究新市场，开拓新业务"等。根据这个大课题，我拟定了具体题目"建设银行筹资业务发展战略构想"，经部领导审定后报送中国投资学会，得到批准立项。

这一时期，正值改革开放初期，市场经济理念逐步确立，"一业为主，多种经营"局面形成，网点、人员迅速扩张，我们银行的"双重职能"（财政、银行）充分显现。建设银行除了继续承办原有的政策性专业银行职能外，还可以向商业银行的所有业务拓展。当时总行筹资储蓄部成立时间不长，个人金融业务在本行刚刚兴起。抓住机遇，拓展市场，完善银行的金融职能，迅速增强建设银行实力，是总行一项刻不容缓、意义重大的战略决策。

为了推动筹资业务全面快速展开，我部商总行投资研究所，共同组成课题组，责成我担任课题组负责人，抽调投资研究所施良、郭晋江和我部两位同志组成课题组，我主笔并具体拟定了课题写作提纲和整体安排。为确保该课题顺利进行，我们又草拟了具体的调研提纲和内容。

具体到哪些省份去调研？经商量，拟选择筹资业务搞得比较好的大省、人口大省、GDP 和财政收入大省、改革开放较早也较活跃的沿海地区。在一切基础工作都准备妥当的情况下，我们开始了调查研究之行，先从北京乘坐长途汽车去了河南郑州，然后又坐火车到了广东深圳和海南。在河南省分行调研期间，我还应邀给建行系统有关部门负责人介绍了总行筹资业务的整体发展设想，为深入研究、上下互动提供了一些探讨的思路。

在调查研究所到之处，许多同志给我们提供了十分有益的研究素材和观点。在河南期间，有同志提出"筹资立行""有点就有钱""各级行都要有筹资机构"等观点；在广东期间，有同志提出"机不可失，时不再来，抢抓机遇""大中城市行优先发展"等观点。这些观点后来都被收入课题报告中。

调查研究结束以后，我们就投入紧张的撰写报告中。经过一个多月的紧张、繁忙的工作，初稿就出来了，大体分为四部分：一是发展筹资业务意义重大，刻不容缓；二是发展筹资业务的有利条件和不利因素；三是发展筹资业务的经营管理模式和操作运行机制；四是发展筹资业务需要考虑的有关政策和措施。针对初稿，在部主任魏仕贵同志的高度重视和大力支持下，我不仅在总行召集有关人员进行了讨论，而且在一些分行也开了几次座谈会，以使课题的理论性、政策性、前瞻性特别是实践的操作性更具针对性。

功夫不负有心人，经过近三个月的努力，八易其稿，终于完成了这个重量级的研究课题。1991 年 11 月上旬，中国投资学会在广西桂林组织召开了课题验收论证会，我应邀在会上做了该课题的主旨发言，得到与会同志的高度认可。特别是报告中提出的发展筹资业务的"四层架构，三元运行"管理机制、"四架马车"（以储蓄存款为基础，以企业存款为主导，以证券、信用卡等新业务为突破，实现"四个轮子一起转"）并行方略、"筹资立行，筹资兴行"方针、"大中城市行优先发展战略"等，深受与会同志和专家的好评。最后，经参会的八位专家评委无记名投票，我们的课题获得了满票，位列当年"中国投资学会优秀成果奖"的榜首。

令我欣慰的是，此研究成果不仅被刊登在《中国投资管理》1992 年第 2 期上，更重要的是，在很长一段时间内作为建设银行全行筹资业务的发展战略和具体指导，其深受各级行乃至同业的热捧。

五　第一次应邀在北大举办的研讨会上演讲与对话

那是在 2018 年 12 月 15 日，应北京大学国家资源中心主任李虹教授的邀请，我出席了第四届北京大学国家资源经济论坛暨第四届北京大学城市转型与发展论坛暨市长论坛——"新时代资源配置创新与城市高质量发展"研讨会，并做了题为"强化四个协同，打造一流城市——金融如何支持资源配置创新，推动城市高质量发展"的演讲与对话。

记得当时出席研讨会的有：全国各省市区部分城市市长、知名企业的董事长或总裁、中央机关有关部门的专家领导，以及一些大学的专家、教授和学者等 100 余人。当天的日程安排是：上午有关领导致辞和大会主旨发言，下午是专题研讨与对话，共分三组上下交流。

我参加了下午第一组的专题研讨与对话，共有五人发言。其中包括两位企业老总、两位市长和一位专家主持，要求围绕"如何支持城市高质量发展"进行发言辩论。每位嘉宾发言后，主持人都会当场对其进行点评。

我是本组第二个发言的。根据会议讨论命题，结合多年工作实践，特别是结合金融如何支持实体经济，我即兴讲了一个主要观点，就是"强化四个协同"才能达到金融支持的目的，包括：一是思想理念要协同；二是配套政策要协同；三是重点工程和项目规划要协同；四是服务创新要协同。从理论上、政策上特别是业务操作的实践案例上，进行了深入浅出的阐发，赢得了台下和台上的一阵掌声。

在我讲完之后，主持人在点评时，给予了我充分的肯定和高度的赞扬，认为我的观点精准，注意细节，具有可操作性。最后，在大会总结的时候，北京大学国家资源中心主任李虹教授唯一点名表扬的也是我的发言。

参加此次高规格的研讨会与对话，也给了我一个重要启示：只有多讲实话，少讲废话，拿数字说话，用国际国内发达企业的故事、案例印证，才能使所讲内容扣人心弦。实践表明："空谈误国，实干兴邦"是一条颠扑不破的真理。后来，我把这篇发言内容整理成文字，在《银行家》杂志上发表。

2018年12月15日出席北大论坛（正在发言者为作者）

六 第一次接受中央电视台《焦点访谈》采访

在总行机关，作为业务条线和部门岗位的负责人，接受新闻媒体的采访是常事。从1983年大学毕业入职中国人民建设银行（原称）开始，我先后接受过新华社、中央电视台、中央人民广播电台、河南人民广播电台、《经济日报》、《金融时报》、《经济参考报》、《人民日报》、《银行家》、《当代金融家》等十数家新闻媒体的多次采访；也在参加第五届中国国际电子商务展、建设银行不同时期新产品发布会（如乐当家理财卡、汽车贷款营销、银行卡异地交易联网等）和建设银行上市前尽职调查等时接受过众多媒体的集体采访。在众多媒体的采访中，我比较看重中央电视台《焦点访谈》的采访。

大家知道，《焦点访谈》定位较高，是中央电视台新闻评论部于1994年创办的。节目的定位是：时事追踪报道，新闻背景分析，社会热点透视。自开播以来，受到党和国家领导人及各界观众的广泛关注和重视。它以深度报道为主，以舆论监督见长，是中央电视台收视率最高的栏目之一，多次获得中国新闻界最高奖项。《焦点访谈》反映的事项牵扯面广，提出的问题比较刁钻，作为被采访者，能否实事求是地流利答疑，特别是能否准确回答，对此，我感到压力巨大。

　　故事发生在 2005 年，当时国内自助银行比较盛行。所谓自助银行，包括附行式的和离行式的，它主要由 ATM 取款机、存款机、存取款一体机、查询机、夜间金库等组成。特别是其中的 ATM 存取款机，其功能繁多，使用方便快捷，深受广大客户的欢迎，这也成为犯罪分子瞄准作案的重要途径和手段。

　　记得那是在 2005 年国庆节长假期间，不法分子利用 ATM 机疯狂作案，尤其在北京各家银行的 ATM 机上通过各种手段进行诈骗，其手法大致有以下几种。一是在 ATM 机上进行假提示。不法分子在 ATM 机上张贴假的银行公告，以银行程序调试等理由，要求持卡人在限定时间内将自己银行卡内的资金通过 ATM 机转到指定账户，盗取持卡人资金。二是窃取卡号，制作伪卡。一些不法分子利用持卡人随手丢弃的 ATM 机回执单，盗取银行卡等信息制作伪卡，然后利用偷窥窃取的银行卡密码取款。三是吞卡加窥视卡号。许多不法分子在 ATM 机插卡口处安装吞卡装置造成吞卡故障，在持卡人背后或远处用望远镜窥视密码，等待持卡人因故障离开后，不法分子取出银行卡，用窃得的密码取款。四是窥视卡号加调包。一些不法分子趁持卡人通过 ATM 机取款时，窥视其密码，然后故意将钱丢在地上，"提醒"持卡人去捡钱，转移持卡人注意力，其同伙快速将持卡人插在 ATM 机上的银行卡调包，并利用窥视的密码，盗取银行卡资金。五是向客户频发假信息。一些不法分子假借银行名义，利用手机短信的方式，称持卡人的银行卡在某处消费或银行卡的信息资料被泄露，诱使持卡人拨打短信中指定的电话号码，并以银行工作人员的名义，进一步谎称持卡人持有的银行卡发生了交易，并称其银行卡可能被伪造并使用，诱骗持卡人在 ATM 机上将卡内资金转入不法分子提供的银行账户内。

面对不法分子的猖狂作案，广大客户手足无措，心慌意乱，一些新闻媒体对此也进行了报道。作为 ATM 机的管辖行，各大银行和中国银联，深感焦虑和不安。当时，我作为中国建设银行个人银行业务部的总经理，在接到反映的信息后，没有顾得上休假，立即召集总行相关部门和北京分行负责人进行了研究讨论。当时一些同志建议，长假期间大家都休息了，特别是有许多同志到外地旅游了，可考虑关掉 ATM 机的功能，等假期结束后再说。在听取大家的意见后，我做出了以下几条应急意见。第一，总行立即向全行发出通知和要求，提示利用银行卡作案的有关手段和防范措施。第二，要求北京等大中城市分行，在所有 ATM 机上发出警醒标志，防范不法分子作案诈骗。第三，请信息技术部门会同业务部门，加班加点，尽快研究具体技术防范措施。第四，在做好有关防范措施后，假期期间一律不得暂停 ATM 业务，因为这是广大客户在长假期间进行银行卡交易最频繁的时候，不能因噎废食。

在建设银行主管领导和中国银联的推荐下，中央电视台《焦点访谈》一干人马来到建设银行总行，对我进行了具体采访，大致提问了两个方面的内容。第一个是银行卡诈骗的手段主要有哪些？第二个是如何对诈骗进行防范？对于第一个问题，我主要讲了上述五种手法。对于第二个问题，即如何防范诈骗，我做了重点阐释，逐一提出了五种应对措施。一是对于"银行公告"假提示，提醒广大客户不要轻信，这是个骗局和陷阱。一经发现，请尽快拨打银行客服电话向银行举报。二是针对持卡人卡号被窃问题，要求持卡人取款、查询后，不要随手丢弃银行卡交易信息。三是对于吞卡加窥号行为，要求持卡人使用 ATM 机时，留意周围是否有可疑人员；设置密码不要过于简单；输入密码应遮挡并尽快完成。四是对于窥号加调包的，要注意不轻易接受热心人的帮助，最好捂住插卡口，防范不法分子将卡调包。五是对于假短信，如果确实没有发生业务交易，要致电各家银行的对外客服号码进行查询，或到柜台上具体咨询。

2005 年 10 月 27 日晚上，《新闻联播》之后的《焦点访谈》节目，正式播放了采访我的有关情况。当时，我正参加建设银行在香港上市敲锣的晚宴。我注意到，与采访我时的内容相比，可能受节目时长所限，做了大量删减，但效果还是相当不错，反响也很热烈。我记得当时收到了来自参会代表和远在北京的同事及全国各地一些亲友发来的信息，大家都对我的回答给予了充分的肯定和赞扬。当然，采访内容也

2005年10月27日，中央电视台播放了作者接受《焦点访谈》
节目的采访

为广大持卡人如何打假、防假提供了有益的借鉴。

《焦点访谈》节目播出之后，各家金融机构自上而下也强化了防假、反假系统的硬件和软件的升级和监控。我收集了来自系统内和系统外特别是基层行和广大客户的信息反馈，利用ATM机诈骗的案例在大中城市基本上销声匿迹。

七　第一次在广播电台接受政风行风评议

作为国有大型商业银行，我们的服务对象主要来自国内外的所有零售客户和广大机构、公司客户，服务内容涉及方方面面，银行在国家和社会中的地位作用可谓举足轻重。接受新闻媒体和广大客户对我们银行服务的评议是一种常事。银行新产品、新举措、新手段的问世和新问题的出现；中央、地方有关重大政策、措施的出台对客户的重大影响等客户关注的问题，我们银行都要实事求是地面对。在总行工作期间，中央人民广播电台、中央电视台和一些新闻单位，经常对我进行现场采访或电话采访或远程通信采访，比如央行调整利率对广大居民和银行各有什么重大影响；不同银行的理财产品有何区别、各有什么风险；中国的四大行与国际发达银行在零售业务上的市场竞争力优劣势比较；等等。但这些采访毕竟是单一的，也就是说只针对某一事项谈情况、谈反映、谈观点。

但是，从 2006 年 5 月到 2011 年 3 月，我担任中国建设银行河南省分行行长、党委书记后，受邀采访的形式就比较多元化。当时，省委、省政府要求：各厅局、各部门、各地市一把手，每年都要在河南省人民广播电台接受全省人民半个小时的政风行风评议，实际上是对管辖的全省行业服务进行一次全面鉴定，这对我来说还是第一次。特别是这种现场直播、现场聆听、现场解答不同地区、不同行业、不同种类的金融服务问题，其方式之灵活、范围之广大、问题之尖锐、名目之繁多、评议之具体是我没有见过的，也令我震撼。这就要求一把手在工作执掌上要相当的厚实，业务上要相当的精通，政策上要相当的熟悉，程序上要相当的严密，知识储备上要相当的渊博，口才上要相当的流利，实际上也是对一把手工作的一个全面考验和锻炼。回顾在豫工作五年，我先后五次到省人民广播电台接受了政风行风评议，但印象最为深刻的还是第一次。

记得第一次走进河南省人民广播电台的直播室，是在2007年2月14日。当天早晨7点之前我们就到达了目的地，电台主播兼主持人陈晔同志热情接待了我们，并简要沟通了直播的主要目的、程序和要求。早上7点半录播开始后，主持人首先请我介绍了河南省建设银行一年来的有关金融业务开展情况，特别是请我谈了金融服务的特点。我简要从全年工作确定的16字方针、四大目标、三项重点谈了有关情况，重点从金融服务的效果、举措和反映，谈了有关特点包括不足，反响不错。

特别令人难忘的是，在我介绍完有关情况后，热情的听众踊跃提问，尤其对三个问题非常关注。一是民营企业贷款为什么这么难，是政策管控银行不能贷的原因，还是企业效益较低不愿贷的原因？二是偏远地区银行网点很少，许多工程项目结算难、给企业员工发工资难，你们银行有没有什么办法？三是作为聋哑人，银行能不能为其单独制作银行卡，以方便其办理业务？以上三个问题，回答起来都很棘手，但我还是实事求是地做了认真解答。

关于民营企业贷款难的问题，这在当时还是一个新课题，也是一个大问题，中央那时还没有统一的号令和要求。由于民营企业财务报表极不规范，抵质押品也没有统一的审核和评估标准要求，银行对民营企业（小微企业）适用的产品还很少，监管部门只考核银行贷款的质量，而不管是什么样类别的贷款。所以在回答这个问题的时候，我也实事求是地着重从三个角度进行了阐释。一是银行对贷款的定性不足，也就是它属于个人（个体）贷款还是属于对公贷款，缺乏贷款标准参考依据。目前这个问题已引起各家银行的高度重视，我行已组织专门力量研究，并将在近期创新推出一些适销对路的专有产品。二是银行要对民营企业贷款进行信用评估，就目前情况来看，有很多企业财务报表、抵质押品比较混乱，缺乏衡量的标准，根本无法鉴别，对此，我们也非常关注，研究有关条件和标准，并报请总行批准。三是民营企业如果信用资质高，经营正常，且经营效益好，作为银行我们会大力支持，只不过在审核上程序很严，效率较低，下一步在此方面我们会注意改进，努力提高效率。

关于偏远地区银行网点较少的问题，我记得当时是这样回答的："银行设立网点是有条件、标准和程序的，特别是客户资源要非常丰富，银行要做投入产出分析，如果条件具备，也需要经过总行和监管部门的审批才能设立。今天你提出了这个需求，我们需要进行调查研究，看看能否够得上设立的条件。在固定网点设立之前，你们可考虑使用网上银行系统，建设银行可以上门服务，免费帮助你们安装 B2B 程序和进行专业人员培训，这样既能保证业务的正常开展，又可以促进贵单位电子化手段的实现。"回答得到了这位客户的理解和赞同。

关于聋哑人提出要求单独制作银行卡的问题，记得当时听到这个问题我就哭笑不得。因为盲人使用的银行卡，它的制作工序非常复杂，成本也非常高，全世界都没有解决这个问题。况且，它需要 ATM 的制造商、银行卡的运营商、盲文和中文相对应的语言管理部门等协同配套，不是一个领域、一个行业、一个部门甚至一个国家所能解决的。我讲了这些情况之后，得到了盲人客户的理解。继而，我向他讲解了如需办理业务，建设银行可以在有监控的环境下帮他实现业务服务。这位同志听后很受感动。

记得第一次接受政风行风评议后，省行立即召开了行长办公会议，通报了客户提出的每一个问题，逐项研究了有关金融服务的落实事宜，特别是针对小微企业（民营企业）的产品创新问题，后来推出了"速贷通""成长之路""信贷工厂"等模式。半年后，省行在焦作市召开了全省系统的现场会；省政府还在安阳市召开了推广会，让我在大会上做了典型经验交流。

通过政风行风评议，建设银行的金融服务不断改进和提升，连续五年被当地政府评为优秀。

八 第一次被聘为客座教授

大学里的专职教授我没做过，但先后受聘于有关大学和研究机构的客座教授、导师或研究员，包括哈尔滨投资高等专科学校客座教授、北京大学儒商研究中心研究员、河南财经政法大学兼职教授、中央财经大学会计学院研究生客座导师、特华博士后科研工作站博士后合作导师、红顶香读书研究会名誉导师、梯子教育授课老师等。作为受聘客座教授或导师，每一个受聘、每一次讲座我都很珍惜，印象也很深刻。但是，担任哈尔滨投资高等专科学校的客座教授，最令我难忘。虽然学校的级别只是个大专，但这是隶属总行和教育部管辖的学校，也是我受邀客座教授履历中的第一次，因此我非常看重。

那是在 1996 年之后，当时我担任中国人民建设银行筹资储蓄部副主任（即副总经理）。可能是由于所辖业务是建设银行向商业银行转轨后的新业务，比如证券、信用卡、借记卡、储蓄存款业务等，许多在校的大学生、广大的老百姓，就连银行的管理人员对其也接触较少。加之从 1994 年开始，我应邀给常州财校和哈尔滨投资高等专科学校及有关分行讲课较多，所以哈尔滨投资高等专科学校校长朱立人同志，在邀我去给大学生讲课的同时，向我颁发了客座教授的聘书。

作为客座教授，我讲的第一课的内容是"建设银行的筹资业务发展战略构想"，包括四个部分：第一部分，讲了建设银行开拓筹资业务面临的机遇和挑战；第二部分，讲了建设银行开拓筹资业务的管理模式和战略目标；第三部分，讲了建设银行开拓筹资业务的运行机制和工作重点；第四部分，讲了建设银行开拓筹资业务当前的主要举措和实施步骤。应当说，这个课程的内容还比较前瞻，此前还没有给分行的同志讲过，更没有正式出台过文件。

我注意到，在讲课过程中，由于第一次作为客座教授讲课，我使用了PPT，这在当时也算是比较新的授课模式，学员们听得很认真，大部分人都在记笔记，从现场情况看，讲课效果不错。我大致讲了一个半小时，又进行了半个小时的互动，互动内容有：何谓筹资业务经营管理工作的"四层架构，三元运行"管理机制，何谓"四个轮子一起转"的筹资工作战略方针等。在我具体答疑结束后，大家给予了热烈的掌声。当然，这也是对我授课和业务工作的一种促动。

总之，通过第一次受聘客座教授特别是讲课以后，我对自己的要求更高了，准备工作也更加充分了。无论是在后来各种场合的授课，还是在给各行部署工作及下发各种文件，我都要求自己一丝不苟，认真准备，确保授课、上下互动和下发文件精益求精，准确到位，尽量不出失误或者少出失误。

受聘为河南财经政法大学兼职教授（中间为李小建校长，
右一为作者）

受聘为中央财经大学会计学院研究生客座导师

受聘为特华博士后科研工作站博士后合作导师
（左一为中国社会科学院研究生院原副院长李茂生教授）

九　第一次应邀在梯子教育做讲座

几十年来，虽然应邀在哈尔滨高等专科投资学校、中央财经大学、河南财经政法大学、建行大学（建行党校）、北京师范大学、外交学院等大专院校均做过专题讲座，但通过网络视频在梯子教育进行专题讲座和互动还是第一次。

梯子教育是一家全球金融培训机构和院校、研究所等 1 万余家的课程代理分销商，可为金融从业者和个人投资者提供专业、优质的培训课程。同时，为全球 10 万余家金融机构即银行、证券和保险机构提供培训管理解决方案。通俗地说，它是教育类的平台，里面有许多金融培训的课程和书目，包括银行、金融、经济、投资、理财、经营、科技、阅读零距离等方面的内容。被邀请在此做讲座的老师，一般都是有关方面的资深教授、专家和学者等。

作为银行方面的研究学者，退休后我先后多次被梯子教育邀请，做过两个方面的内容讲座：一是中国十大商帮的发迹史、主要特点和启示；二是走进商业银行的迷宫，主要是商业银行有关方面的内容。

梯子教育在网络平台上推荐过我写的两本书：一本是《商业银行要义》（中国金融出版社出版），另一本是《说商道帮》（河南人民出版社出版）。据说，这两本书都很受广大读者的欢迎。

我第一次受邀讲座的内容就是"中国的十大商帮及文化启示"，梯子教育还在网络平台上做了海报进行宣传，标题是"说商道帮——揭开晋商辉煌背后的成功秘诀"。从讲座的形式上看，比较灵活，可以站着讲，也可以坐着讲，但没有背景板和任何提示；从时间和要求上讲，总体时间控制在一个小时左右，授课45分钟左右，然后互动15分钟左右，有时互动时间超过半个小时。

我记得在第一次讲完之后，视频听众提问比较活跃，提出了七八个问题，我都逐一做了解释。特别是有的听众提出："晋商既然那么辉煌，那为什么会衰败呢？"对此，我从时代背景、所处环境、思想意识等方面做了详细分析和解答，使听众有了充分的了解。

通过第一次在梯子教育讲座，我有了三个深刻的体会：一是作为讲授老师必须专业专注，千万不能对所讲内容一知半解，稀里糊涂，误人子弟；二是作为讲授老师必须具有渊博的知识，能够旁征博引，举一反三；三是作为讲授老师，在讲授的方法上，必须注意重点突出，点面结合，用通俗易懂的方式反映其深刻的内涵，所用案例和故事必须具有代表性。

总之，在梯子教育的讲座，使我受益匪浅，促使我在以后的几次讲授中，包括其他形式的讲课中，事先都进行了充分备课，取得了理想的授课效果。

第九篇　｜　**节俭朴素伴我前行**

小时候虽然不懂什么叫勤俭、什么叫奋斗，但父母和亲友们的一言一行、一举一动影响了我的一生。特别是一次次、一件件有关节俭朴素品质的小事情，使我终身受益！

一 挂在门前的掸子

那还是 2008 年清明节的时候，我回山西老家给刚刚去世的父亲和母亲扫墓，一踏进寒舍小院，远远就看到了挂在门前的掸子，此时此刻，不由自主一股酸楚涌上心头，泪水夺眶而出……

睹物思人，我浮想联翩。这个掸子，至少在我家门上挂了四十多年。我记得，这原是父亲冬天裹身用的腰带，由于年久褪色，父亲就把它裁剪成掸子，专门用来掸身上的尘土。

我家住在黄土高原的黄河岸边，一年四季尘土飞扬，在沟坡地干农活，每当回到家里，不论谁都得用这个掸子。

小时候，有一次我从沟坡地拾柴回来，全身上下黄土裹身。当时也不知道拍打一下再进屋，母亲就一把拉住了我，用掸子给我掸了好几遍，直到干净了才允许我进门。

后来，我大学毕业后被分配到北京工作，第一年回老家看望父母，那是我第一次穿上皮鞋，而且是黑色的，特别容易粘土，所以刚到家鞋上就粘了很多灰尘，粗中有细的父亲，发现我皮鞋上有土，就把掸子从门上摘下来，让我掸一掸，这使我很不好意思。

现在，父母去世十几年了，每每回到老家小院，想起父亲绑的那个掸子，我都会把脚上穿的那双皮鞋换成布鞋或者旅游鞋，也会不自觉地用毛巾掸去身上的灰尘。遗憾的是，再也没有人督促我掸去身上的灰尘，也看不到那个令我十分留恋的掸子了，更看不到魂牵梦萦的父母了……

二 儿童节的裤子

天真烂漫的童年时代，令人遐想，更令人神往。过去，每当六一儿童节的时候，那是孩子们最高兴的日子，学校要排练节目，大家要穿上整齐划一的衣服（不像现在都有统一的校服），并在一起唱歌跳舞或做做体操和比赛队形等。

记得那是在 1969 年的六一儿童节前夕，我正上小学四年级，村里的小学接到片区通知，儿童节那天要到 5 华里外的东吕完小汇报演出。当时，老师要求我们穿白衬衫和军裤或染成草绿色的裤子。穿白衬衫没有任何问题，母亲织的粗布请人裁剪成衣即可，但穿军裤或草绿色裤子，可难倒了辛劳而又可怜的母亲。

那时候，各家各户的生活都不富裕。农村一天两顿饭，早饭吃的是红薯，中午有时吃点儿面条，喝的是清米汤，能吃上豆腐、粉条算是光景过得好的富家了。特别是穿的衣服更不讲究，基本上是"三色"，即黑色、蓝色和草绿色。一部分家庭还算过得去，但有相当一部分家庭生活十分窘迫。

我家的情况在村里相对比较困难，人口多，孩子多，挣工分的人少，经济收入甚微。在计划经济且以挣工分为主的年代里，入不敷出，连吃饭都难以为继，更谈不上穿戴了，但六一儿童节学校要去会演，服装不能做到整齐划一，不仅学校不允许，更重要的是我不能参加节日会演了。可以想象，这对一个孩子心灵的影响，该有多大啊！

那时候，孩子们在一起虽然没有明着比学习、比吃穿，但私下里也经常看谁学习好、看谁穿得漂亮。记得六一儿童节前夕，孩子们都在交流着穿衣戴帽的事儿。听有的同学说，如果没有军裤，现在可以用草绿色的颜料染一染，然后再裁剪成衣。我给母亲讲了后，母亲掏了五毛钱，买了两包草绿色颜料，终于给我染了一条草绿色的粗布裤子，从而使我顺利参加了片区的节日会演。

没想到对于这条草绿色的粗布裤子，我是那样的喜爱和珍惜。它不仅帮我应付了儿童节的会演，而且整个夏天我都穿在身上舍不得换掉，当然那时候也没有可以换的裤子，总是一件衣服穿到破。记得秋天的时候我还一直穿在身上。直到后来许多地方都磨破了，我才不再穿了。

现在，每当看到天真烂漫的孩子们，穿着整齐划一的校服，特别是在儿童节时系着鲜艳的红领巾，穿着统一且漂亮的服装时，我都会驻足，细细地观摩一下，心里总有一种特别羡慕的感觉，也有一种说不出来的滋味儿。

三　手艺高超的修鞋匠

小时候家里孩子多，一年四季一般是两双鞋支撑到底。春夏秋三季穿一双单布鞋，冬天换一双粗布棉鞋。由于家里经济条件太差，没有可以替换的鞋子，所以每双鞋都会穿得四面开洞为止。

父亲是个多面手，既是当地有名的泥瓦匠，又会多套拳路，特别还是巧夺天工的修鞋匠。每当家里人谁鞋子破了，他都会拿出自制的一套修鞋工具，包括钉鞋架、钉鞋锤、钉鞋针和钉鞋麻绳进行缝补，把该丢弃的鞋子，修补得结结实实。

记得有一年夏天，我从河滩割草回来，两只鞋子满是湿泥，而且两只鞋子的前边各出现了一个小洞，脚趾也露在外边，还有一只鞋帮也开裂了。回家后母亲帮我洗了洗，用火烤干。之后，父亲坐在跤座上，一针一线地仔细缝补，竟然将一双可以扔掉的布鞋修补得严丝合缝，不仅伴我度过了整个夏天，而且顺利度过了秋天。

特别不能忘记，有一年冬天，大雪纷飞，当时我正从

5 华里外的东吕初中放学回家，浑身上下都落满了雪。由于我家所处黄河沟坡之地，温度比垣上高一点，大雪下得急，但也融化得快，身上衣服湿了不要紧，关键是粗布棉鞋的后脚跟被磨出了一个小枣儿大的洞。因为我从小到大没有穿过袜子，也没钱买袜子，所以鞋后跟磨透后，感觉脚特别的湿冷。到家后，我脱掉棉鞋，上到炕上。父亲很快帮我进行了缝补，并给两只鞋子分别钉上了一个大鞋掌，解了我的燃眉之急，否则，我就到了无鞋可穿的尴尬境地。

俗话说："饱时省一口，饿时得一斗。"对此，我时刻谨记。一双鞋对有钱的或条件较好的人家来讲不算什么，但对于我们这样出身贫寒的农家子弟来说，买得起和买不起是有很多深刻的感悟的。记得在我童年和青少年时期，我穿的鞋都是母亲给我做的粗布鞋，从来也没买过商场里的鞋，即便后来上了大学也没穿过皮鞋。

自从到北京工作后，虽然条件好了，但我对穿什么鞋从不在意。现在，每穿一双鞋，我都非常地仔细，每当发现有破口时，都是自己找鞋匠把它修补好再穿，这也成为我生活中不可或缺的准则。

四　一件心爱的军上衣

在大学毕业之前，我没有穿过也不敢奢望有一套像样的外装。时间到了 1980 年春夏之交，那时我正大学休学养病在家。二哥许效斌从部队复员回家，他把自己一件心爱的军上衣送给了我，让我高兴了好一阵子。

刚拿到这件军上衣，我发现只有上边有口袋，下边没有，装东西很不方便。于是就找母亲请村里的裁缝帮忙补两个下兜。没想到兜子里边的衬布竟用了一块花布、一块白布，令我十分的懊丧和失望，但好在外表看不出来。不管怎么样，我还是十分地珍惜。

穿上这件军上衣，我去了遥远的大连上学，心里自然美滋滋的，夏秋两季都穿在身上，甚至在冬天有时也当衬衣穿。

有一天，我去学校旁边的二尖山背英语，山上有一些荆棘，一不小心脚下打滑，把这件军上衣后边儿划了一个小口子，心疼极了。回到宿舍后，我谁也没有告诉，就悄悄到市里的裁缝铺缝好又穿在身上。

大学毕业后，我被分配到了北京，许多时候还穿着这件已经褪色的军上衣，以至一些同事都以为我是部队转业来的。

1986 年，我与爱人赵启莲第一次见面的时候，仍然穿着这件褪色的军上衣，直到 1987 年我们结婚后才不再穿了，掐指一算，整整穿了七年。

这些年，尽管生活条件好了，我也买了不少衣服、鞋子，有的虽然已经旧了、款式老了，但我都舍不得扔掉。

五 一件印有大学标识的背心

大学是难考的，也是庄重的，更是美好的。尤其是考上了部属财经院校——辽宁财经学院（现东北财经大学），心情是愉悦的，也有点虚荣心，想外在地表现一下。

入校后的第二年夏天，我发现一些男同学都穿着印有"辽宁财经学院"的背心，原以为都是学体育的同学才穿，后来了解到对于在背心上印字这件事，学校没有限制，也没有印刷厂，而是由学生自己到大连市印刷店印的。不容分说，与一些同学一样，我也给自己的背心印上了大红字——"辽宁财经学院9号"。穿上这件背心后我格外高兴，用东北话说很"嘚瑟"。

有一年暑假，我回老家后，当时头发也很长，已经盖过了耳朵，脱去衬衫露出了背心上几个鲜红的大字。于是，有的乡亲就问我：你在大学是搞体育的还是搞艺术的？我只是抿嘴一笑，不予否认。其实在我心里，只是觉得背心上印有红字很好看，也能代表我现在的身份。有一次，我在老家巷道聊天，有个长辈就问我："你是咱们村恢复高考后第一个文科大学生，我有个问题想问问你，'马上'这两个字是什么来头？"幸亏平时我看书多，也知道辞源上对"马上"的解释，随之解释了它的由来，从而使在场的乡亲们对我刮目相看。事后我想，一件带有大学标识的背心，竟然给我带来了一些知识难题和麻烦，所以有的表现方式该收敛的还得收敛。

后来，我到集市上去赶集，本来想穿上这件背心，但为了不张扬，就换了另一件白背心。由于我在当地公社（现在的乡镇）当过秘书，认识的人比较多，大家看到我都很高兴，还是没能挡住大家问长问短，其中有位乡友问我："你现在上了大学，你说说大学与中学有什么区别？大学是否意味着在'大而全'地学？"对此我哭笑不得，但还是诚惶诚恐地逐一做了解释。看来，穿不穿印有标识的背心，在认识的人面前效果都是一样的，也躲不开各种提问。

为了避免穿上带大学标识的背心带来的麻烦，后来我

1980年穿着印有"辽宁财经学院"标识的背心，
与妹妹许孔珠合影

只是在家里穿穿，但更多的时候是在秋冬季贴身穿。

几年来，我一直喜欢穿这个带字的背心。由于穿得太久，背心上出现了许多小窟窿，像塞子上的眼儿那样成了网状，但我还是舍不得换，一直到1984年不能再穿了，才彻底废弃。

六　落在饭桌上的几颗大米粒

故事发生在2003年秋天的一个晚上，远在太原工作的外甥来京看望我。我提前在北京丰汇园"零点食堂"订了一个单间，准备款待这位多年未见的亲人。

外甥名叫张卫中，他是堂姐许学敏（在我家族中排行老二，我们叫她二姐）的大儿子，在20世纪90年代初，他以优异的成绩毕业于北京广播学院（现在的中国传媒大学）。参加工作后，他改行创办了"积木宝贝"中心，从事幼儿教育，事业有成。他的家庭环境优越，生活比较富裕，但他穿戴非常朴素，吃喝从不讲究，特别是他吃苦耐劳、勤俭朴素、扎实肯干、低调做人的精神，令我震撼，并给我留下了难以磨灭的印象。

记得当时见面后，我们很快就点菜上饭，共五个人，四菜一汤，五碗米饭。饭间，我们一边儿吃，一边儿聊天，由于小碗盛得米饭太满，外甥一不小心将几粒米撒在了饭桌上，在我还没特别注意的时候：他慢慢地把米粒捡起来，然后送到嘴里。本来，我想劝他饭桌不太干净，落在桌子上的米粒就别吃了，但话到嘴边又咽回去了。因为他有学问，也有生活常识，什么都懂，无须劝解。他的这一举动，让我和爱人很吃惊：在城市待了几十年，吃喝现在方便了，开始大手大脚了，而外甥的经济条件这么好，反而能如此节俭！我想，外甥做得对、做得好，值得提倡这种精神，这不正是我长期以来主张的朴素生活、勤俭节约的精神吗？！

自此以后，我时常回想起这一幕。外甥张卫中为什么能够令人起敬？我想，这一定是家庭教育的结果。如果不是二姐和二姐夫率先垂范的人格魅力、耳提面命的谆谆教诲，三个孩子为何都能学有所成？为何都能这么懂事、有出息？可以说外甥张卫中给我这个舅舅上了一堂"粒粒皆辛苦"的生动而现实的节俭教育课。

现在每逢与亲友团聚，我就会不由自主地讲起这段有生命力的动人往事。

七　姑妈的筷子

一双筷子用了四十多年，这在一般人看来是不可想象的，但它确实是存在的，也是我亲眼所见，那就是我姑妈使用的筷子。

姑妈家远在故土千里之外的湖北宜昌。早在新中国成立前夕，姑妈随姑父就四处漂泊，做生意，从河南灵宝、洛阳，又到湖北武汉、丹阳等地。20世纪70年代初，随着水电工程工作的流动，他们来到了宜昌葛洲坝。令我吃惊和感叹的是，他们的工作地点和岗位在不断地变动，而唯一没变的是姑妈手中吃饭的木筷子。

我第一次到姑妈家看望她老人家，是在20世纪80年代中期。她给我的第一印象是，思维敏捷、干净卫生，说话铿锵有力，但穿戴极朴素。特别是她吃饭用的那双木筷子，竟然比正常的筷子少了半截，看后令人目瞪口呆，念念不忘。听表姐和表妹说，这双筷子已经伴随姑妈整整三十多年了。子女多次劝她扔掉，她都不肯。望着这双筷子，我思量了很久很久……

我注意到，姑妈家孩子多，生活并不富裕。令我没想到的是，她对客人是那样的慷慨、大方、热情和诚恳，而对自己是那样的苛刻、"抠门"，用现在的话说叫艰苦朴素。一双筷子竟然能用几十年，若不是亲眼所见，我真的以为是天方夜谭。

不能忘记，在我大学毕业的那年，姑妈与姑父省吃俭用，克服家里的各种困难，先后两次给我寄过30元钱，并将自己心爱的一块儿手表送给了我，这让我特别感动。

姑妈就是这样宅心仁厚，关心他人胜过自己。我听说，姑妈在做工时结识了同事杨阿姨，她比姑妈小七八岁，但六十多年来，姑妈一直对她像亲妹妹一样，我每次到宜昌看望姑妈，姑妈总是让我带些小食品，先去看看二姨（杨阿姨）和杨叔叔。

2019 年，92 岁高龄的姑妈走了，而这双筷子历经四十多年留在了人间。虽然，她没有给子女留下什么物质财富，但她留下了巨大无比的宝贵的精神遗产。

现在每当想起姑妈的这双筷子，我的心里就充满了无限的感叹和思念！我在想，面对越来越好的环境和生活，艰苦朴素的家风和光荣传统要不要传承，我们和我们的下一代该如何将其传承和发扬光大？

八 岳母的针线书

2002 年 3 月 22 日，岳母身患脑血栓平静地走了。当爱人赵启莲和我整理她的遗物时，偶然发现了一本泛黄的书，打开一看，书中许多地方插满了针线。睹物思人，泪水充满我的双眼……

岳母名叫管荣俊，祖籍山东莒县茅埠人，20 世纪 50 年代跟着岳父带上三个孩子，辗转千里来到北京，几经奔波折腾，吃尽千辛万苦，最终落脚在北京崇文区永定门外定安里 36 号一个 58 平方米的宿舍里。

岳母性格刚强，心灵手巧，生活的艰辛难不倒她。"三年经济困难时期"，家里四个孩子，上学难，吃穿更难。听爱人说，当时北京许多小女孩儿都有裙子穿，而她自己没有，岳母就用六块大手绢给她缝制了一条小裙子，这令她高兴得睡不着觉。

1987年8月，我的儿子许芮出生了，但单位还未给我分配住房，岳母、岳父就让我们一家三口与他们同住。孩子没有尿布，岳母就亲手将一些旧秋衣、旧秋裤裁剪成小片状，然后缝制成尿布，帮我们解了燃眉之急。

特别令我不能忘记的是，在儿子还未满月的时候，岳母、妻妹与我一起，到医院给孩子看病回来，由于三轮车在下坡时走偏，车子重重地撞在一棵大树上，岳母紧紧抱着孩子不撒手，导致自己的腿部挫伤严重，一个多月都未能下床。就是在这样的情况下，岳母也未忘记给孩子缝制

1987年9月，岳母管荣俊（左一）、母亲唐缩子（右一）
与妻妹赵启秀及儿子许芮合影

一些小衣服。

　　岳母工资微薄，一生对自己节衣缩食。一件衣服破了，她缝补多次，依然穿在身上，但对我们大手大脚，毫不吝啬。每次周末我们去看望她老人家，她都要买上两斤肉，为我们包顿饺子吃，走时还不忘记给我儿子买点果冻带上。有一年冬天，我忘记买大白菜（这是北方人过冬必囤的菜），岳母就将自己储藏的200斤白菜的大部分都给了我，嘴里还不停地唠叨着："一定要放好、盖好，别把白菜冻了。"像天下所有的父母一样，岳母宁愿自己吃苦受罪，也不愿让孩子们挨饿受累。

　　岳母离开我们已经二十多年了，但每每想起她老人家无私忘我的高贵品格，每当我看到她那本针线书，我的心里就很难过，而且久久不能平静……

第十篇 | **与父母在一起的日子**

我的父亲许登高，出生于1918年农历腊月初十，病逝于2008年农历正月十九，享年90岁；母亲唐缩子，出生于1922年农历五月十八，病逝于2005年农历十一月十二，享年84岁。虽说与同辈的老人相比，父母尚属高寿，但我总觉得与父母相处的时间太短，时至今日，仍感觉父母没有离开我们。如果时光可以倒流，我愿终身陪伴在父母身边。现在，每当家人团聚的时候，每当过年过节的时候，每当夜深人静的时候，我常常沉浸在一种深深的思念之中：父母健在时，不觉得儿子是一种称号或荣耀；父母没了，才知道这辈子儿子已经做完了。几回回梦里回

1986年9月父母在老家院内合影

故乡，泪水常常挂在脸庞，父母的音容笑貌永远留在了我的记忆里！

一 童年生活记忆中的慈母

我的童年，不像儿子辈这样，阳光灿烂，充满幸福、欢乐，而是一个不堪回首的苦难童年。我生在20世纪大跃进年代，长在生活条件极差的困难时期，生不逢时。正值身体发育的时候，赶上"三年经济困难"，吃不饱、穿不暖，加之家里兄弟姐妹多，整天生活在饥饿中。营养不良、发育不全，是我童年生活的真实写照。在这样的环境下，目不识丁的母亲，忍饥挨饿，一把屎一把尿把我们兄弟姐妹一个个拉扯大。

母亲在世时，姐姐就多次给我讲起我小时候的故事。那是在20世纪60年代初的一个秋天，当时我只有三岁。村子里的食堂煮了一锅枣拌汤，很甜。因为我是家里最小的孩子，母亲舍不得吃，把自己那份饭票买来的枣拌汤全让我喝了。据姐姐讲，当时我足足喝了12小碗，喝得小肚子胀，爷爷领着我在食堂院里转圈圈。母亲就是这样，用全部乳汁和无怨无悔的爱，哺育着我们成长。特别不能忘怀的是，"三年经济困难时期"，母亲为了我们有口饭吃，四处觅食，付出了沉重的代价。那是1960年的冬天，天寒地冻，由于地里庄稼收成太差，许多人背井离乡去讨饭。

为了活命，有一天母亲与村里的一些人到 8 里之外的曹庄村挖蔓青，结果被一些不明身份的人打坏了腿，抢了东西，以致后来的四十多年里留下了腿疼的病根。每每忆起这些往事，我的心里就充满歉疚和愤怒。

母亲，一个勤劳朴实、不知疲倦的人，七岁就失去了母爱，跟着哥嫂在田间劳动，十七岁嫁到许家，撑起了相夫教子的重担。在我童年的记忆里，每天早晨，天蒙蒙亮，母亲就起床了，拿着笤帚把几家合用的院子打扫得干干净净。特别是到了冬天下雪后，她总是第一个起来，在白雪覆盖的院子里用铁锹敛成堆，然后再扫干净。印象特别深刻的是，一日两餐，母亲总是围着锅台转，她是家里最辛苦的一个，每天吃饭，母亲总是先给我们逐一盛好饭，自己往往最后才吃。小时候，村子里吃水很不方便，家里离水井又很远，母亲总是用柔弱的身躯，挑着五六十斤的铁水桶，把家里的水缸灌得满满的。那时候我就想，等我长大了，我一定要代替母亲去挑水。无论春夏秋冬，无论白天干活再苦再累，每到晚上，母亲总是在煤油灯下纺线缝补。年复一年，日复一日，不知有多少次，每当我睡醒后，总会看到母亲做针线活的背影。

母亲，是一个无私、善良且又不多话的人。从我记事起，爷爷已年届八旬，一天两顿饭，都是母亲做好后，让孩子们先送去。在 20 世纪 60 年代我家生活非常困难的情况下，母亲也总是将家里最好吃的东西送给爷爷。她孝敬爷爷几十年，毫无怨言，在村里的街头巷尾传为美谈。父亲爱吃面条，不管家里多困难，每天中午母亲都会想办法，给父亲擀碗面条吃。母亲不仅对自家人宽厚、仁慈，而且对父老乡亲、左邻右舍也是一副热心肠，从来不图回报。特别是对一些穷苦人、上门乞讨的，经常给予同情和帮助。我记得，20世纪60年代末有一年过大年，门前来了一老一少两个讨饭的母女，家里的一些亲友说不要理她们，而母亲则拿出几个大馒头送给她们。母亲说，"人家是受苦人，要饭都是没办法了，过大年更不容易，如果有一天，我们也成她们那样，相信她们也会帮我们"。类似的事情

1987年，与母亲、大哥许玉斌在北京天安门

还有很多，母亲的善举，可以说影响了我的一生。

母亲，是一个心疼孩子且从不打骂孩子的人。有句老话叫"穷人的孩子早当家"，我从四五岁开始，就同叔叔家的孩子上地下滩，拾柴割草，懂得为大人分忧。那时候，由于人小力单，身上背的或肩上挑的，常常超过我的体重，很多时候天黑了人还未归。母亲不见我的人影非常着急，总是去滩里或沟坡地里接我。在我的印象里，母亲从未打过我们，也从未骂过我们，总是默默地帮着我们，只怕我们吃亏受罪。母亲虽然不识字、不多语，但她默默付出、吃苦耐劳，总是身体力行，给我们上着终身受用的人生课。

母亲，具有良好的修养，忍让是她的最大特点。从我记事起，我没见过母亲与任何一个人吵过一次嘴、打过一次架、红过一次脸，无论妯娌之间、婆媳之间、邻里之间，甚至与她打过交道的村里人之间都是如此。小时候，村里有一个比我大四五岁的坏小子欺侮我，骗我张嘴，往我嘴里吐痰。我受了很大委屈，回去后给母亲说。母亲并没有帮我找那小子的家人评理算账，只是让我以后别跟人家玩。为此，我很长一段时间还责怪母亲不帮我。记得有一次，我的二哥在地里拾柴，与邻里一个孩子打架，双方互有伤痕，而且是对方首先动的手，结果人家奶奶找上家门，母亲又是赔礼道歉，又是煮油饼，好吃好喝款待和安抚。类似这样的故事不胜枚举。母亲与别人相处总是忍让宽容，而对自己和家人则是严格要求，默默克制。她患有高血压病，身上经常浮肿，但从来一声不吭。母亲虽然没有惊天动地的伟业，但她在平凡中彰显着伟大，她做的每一件事，令我们回味无穷。母亲的大度忍让，以诚待人，赢得了子孙后代和左邻右舍的尊敬和爱戴。在她病重期间，前来探望的亲友络绎不绝；在她去世后的追悼会上，白色的花圈像雪山一样摆满了院内院外，全村的男女老少、亲朋好友将宽敞的乡街大道围得水泄不通，在场送行的人们无不为失去这样一位好母亲动容抹泪⋯⋯

二　能工巧匠的严父

父亲与母亲，性格上有很大的互补性：父亲淳朴中透着严厉，母亲慈祥中充满善良；父亲，善于交际且讲义气，母亲与邻里和睦但很少出门；父亲，善于表达和专长表现，母亲很少开口但心里有数；父亲聪明好学、做事专注，母亲目不识丁、默默付出。

父亲是一位种田理家的能手。大约在我六七岁时，家里的自留地，每年父亲都在地里种西瓜、菜瓜和香瓜，并在瓜地搭瓜棚，晚上经常是我陪着父亲看瓜。那时候，村里有很多人种瓜，但父亲种的瓜跟别人长得不一样：西瓜肥大、瓤红沙甜，菜瓜又嫩又长、样式各异，香瓜又脆又甜。我经常吃瓜没有节制，吃得肚子圆圆的、不想吃饭，有时候吃得肚子胀疼，父亲总说我"吃那么多干什么，别把肚子吃坏了"。多少年来，我走过很多地方，也吃过很多瓜果，但都没有父亲种的瓜甜、吃着香。在我的印象里，家里使用的许多农具，都被父亲收拾得井井有条，比如镰刀、锄头、铁锹、木杈，锃光发亮、摆放整齐，家里人使用时得心应手，就连左邻右舍都愿意使用。父亲心灵手巧，勤俭持家，自己和家人穿的鞋底磨透了，经过父亲的精心修补，本该扔掉的鞋子又可以穿很长时间。多少年来，父亲就是用这样艰苦朴素的行动，影响着我们一代又一代。

父亲喜好练拳习武，强身健体。据父亲讲，那还是20世纪30年代后期，日本侵略中国华北，我的爷爷奶奶怕儿子吃亏，为了防身将父亲送到县里有名的镖师赵连成身边学习。经过父亲的刻苦钻研和磨炼，他掌握了多套拳路。从我记事起，无论风雨寒暑，无论春夏秋冬，父亲每天都要抽时间练上几个回合，从不间断。20世纪60年代，我和二哥许效斌尚小，每天在睡觉前，父亲总要我们扶住墙踩到他的腿上来回走动，帮助他锻炼腿功，以至于在他87岁高龄时，他还能"金鸡独立"。几十年来，每当家里来客或村里集会，父亲总要给大家表演助兴。在父亲87岁高龄那年，芮城县电视台派记者专程到村里采访，并录制视频节目《八旬老人好功夫》，据说在县里播放了整整一个星期，引起很大反响和好评。

父亲是当地非常有名的泥瓦匠，家境贫寒使父亲从小练就了这一绝活。他带出了一批批徒弟，服务了一个个村

2005年，87岁高龄的父亲在田间为乡亲们表演"金鸡独立"

庄。我记得左邻右舍、方圆几十里，只要盖房箍窑都要找他这个名师前去。凡经父亲之手做过的瓦匠活，"细腻、顺溜、好看、坚固"，这是当地人对他的评价。记得我在芮城中学上高一那年，也就是1973年，县里要建造文化馆，在众多的工程队投标中，父亲所在的工程队中标，其主要原因是父亲的名气大，包工头利用父亲的威望中标。当时正赶上暑假，我也到父亲所在的工地上勤工俭学，高高的脚手架上，我看到父亲不知疲倦、挥汗如雨的身影，真为他五十多岁还在高空作业的安全而担忧。父亲就是这样，用危险而又繁重的体力劳动，支撑着我们这个十口之家，描绘着人生最美好的画卷！

父亲爱看古代历朝的小人书（连环画），更喜欢其中的英雄豪杰。对于《水浒传》《三国演义》《薛仁贵征东》《杨家将》等小人书中的各路英雄壮举，父亲几乎都能把大段台词背诵下来。父亲喜欢听英雄、讲英雄，也用英雄的故事教我们做人。他经常挂在嘴边的一句戏词是"家有孝子贤孙，国有忠臣良将"。这句戏词曾激励我们家几代人从少年步入中老年。据统计，我们许家近三代从军的有5人，入党的有6人，还出了2个研究生和6个大中专学生。

父亲不仅要求我们子孙后代学英雄、做豪杰、讲仁义，很多事他自己也是这么实践的：县里修建大禹渡电灌站，他不顾六旬高龄带头投入会战工程；三门峡蓄水，黄河沿岸的杨沟一带被水淹没，他奋不顾身、义务参加重建家园工作；许八坡村地处沟坡一带，人畜吃水困难，他四处奔走呼号，献计献策，并动员儿子们积极参与此事。从我记事起，父亲经常是东家找他盘灶，西家求他砌墙盖房，可他从来分文不取。父亲常说，"现在大家家里都很困难，我有这个瓦匠手艺，乡里乡亲不给钱就不帮忙，不太合适"。几十年来，父亲始终如一，免费为左邻右舍和乡亲们干了许多活儿。即便耽误了自己家的许多事，他也从来没想要什么回报。父亲就是这样，先顾大家，后顾小家，赢得了人们的称赞！

父亲刚直不阿，坦荡直率，有时脾气还很冲动暴躁，如果孩子不听话，可能就要遭受拳脚相加，但他的用意真是为了孩子好。我有两件小时候的事难以忘怀。第一件是我上小学三年级的时候，夏天总喜欢与几个堂兄弟和村里的发小下黄河。由于在黄河中玩水非常危险，父母都很担心，老师知道后告诉了家里人，父亲就拿着鞭子抽我，打得我哭爹喊娘，但从此也教育了我什么是危险、什么事不能干。第二件是我上小学五年级时，不知道什么原因，父亲将二哥打得跑出了村子。那是一个秋天的晚上，我和母亲到处找二哥，包括沟滩的窑里、村里小伙伴的家里、学校等地方都没找到他，全家人急坏了，就连父亲也坐卧不宁。最后在去三甲坡姐姐家路上的雨水沟喂牲口的人家中找到了，全家人一块石头才落了地。后来我注意到，脾气暴躁的父亲可能知道自己行为有点过分，就再也没有打过我们。父亲对我们要求很严，特别是后来，我在中国建设银行总行担任了部门总经理，到河南省建设银行当了行长，他多次告诫我："官做得再大，也不能忘本；钱挣得再多，也不能贪图享乐做坏事。"父亲从小对我们严格要求，让我们终身受益！

三 在最难和痛苦时，父母亲给予我温暖和勇气

童年时代，父母是我的保护神，什么事我觉得父母都能办得到，什么困难有了父母都能解决。慢慢长大后，特别是高中毕业后，虽然自己文化程度高了，但我依然觉得父母比我们知道得多，处理问题比我们本事大。无论在哪

里，无论干什么事，有了父母心里都很踏实。

1978 年，是恢复高考的第二年，我的高考成绩名列全县文科前茅，被辽宁财经学院（现东北财经大学）录取，全家人都很高兴。记得那天是个大晴天，一丝云彩都没有，好像老天也在为我庆贺。中午时分，我拿着录取通知书从公社回到家里，母亲给我煮了两个鸡蛋，这是当时家里最好吃的食物。我还以为母亲知道我"金榜题名"了，哪知那天是我的生日，但我早已忘记。在家里，能记起我生日的就只有母亲，这就是我从小到大的记忆。事情竟然是这么巧合，生日之际，我拿到了大学录取通知书。当时，我和父母讲我考上了大学，善良的老人没有说鼓励的话，只是会心地笑了。接着父亲问我："学什么的？"我告诉父亲学基建财务与信用。由于家族中还没有人上过大学，当时又刚刚粉碎"四人帮"、恢复高考，谁也不知道大学是怎么回事，这个专业毕业后能干什么。当时，父亲就简单地理解为，将来毕业后，就是打算盘的。以后的实践表明，父亲所说的打算盘就是记账、算账，也是对的。

"考上大学是好事，但是要花大钱的。"村里许多人都这么说。当时家里经济条件很差，国家经济百业待兴，上大学又要花大钱，这可急坏了既高兴又头疼的父母。父亲想了想，家里值钱的东西，就是一辆骑了一年多的飞鸽牌自行车，这是父亲多年来冒严寒、顶酷暑，不顾高龄，给别人打工受苦，用心血和汗水积攒换来的心爱之物。如果把它变卖了，父亲以后出远门怎么办？我思量了很久，跟父亲说："别卖了，向别人借点钱吧。"父亲斩钉截铁地说："孩子，现在谁家有钱借你啊，卖了吧！"就这样，我拿着父亲卖自行车换来的60元钱，去了遥远的东北大连，开始了我的大学之旅。

"天有不测风云，人有旦夕祸福。"上大学的第二年春天，由于长期劳累过度，营养不良，加之当时体能训练增多，大量的运动使我彻底病倒了，住进了大连三医院，并做了椎柱上的大手术。时隔一个月，又要做第二次手术，学校向家里发了电报，父母决定让长兄许玉斌来大连看我。术后，在长兄的照顾之下，我住了近二十天就出院了，并决定回家休养。在回家休养近一年的日子里，我给父母和家里人增添了太多的不便。我记得，善良的母亲向老天许诺，买一只羊来祭奠，求得儿子早日康复。母亲将家里最好吃的东西都用在了我的身上，隔三岔五向邻里借鸡蛋，给我蒸蛋羹；买活鸡，杀了给我熬鸡汤喝；煮小米粥，给我吃细粮，有什么好吃的自己都舍不得吃，全用在了我身上，他们干着繁重的体力活，却只能吃些粗茶淡饭。当时我就想，将来有一天，我身体好了，毕业参加工作了，挣钱了，一定要好好回报父母的恩情。我暗暗发誓：今天父母给我一个馒头吃，明天我要回报给他们一块肉吃。在母亲的精心照料下，我恢复得很快，并重新回到了大学的校园里。

父母就是这样，为了儿女不惜省吃俭用，不惜吃尽千

辛万苦，不惜付出生命的代价，可他们在任何时候、任何情况下，都能做到无怨无悔，也从不叫苦叫累。

　　1987年8月，儿子许芮出生了。当时我在总行做行领导秘书，白天晚上都要值班，且一周才能回来一次，整天工作忙得不可开交，没有时间照看孩子。我给母亲说了后，她二话没说，立即来到北京帮我带孩子。那时母亲已经65岁了，每天给孩子喂奶、洗尿布，还帮助做饭、整理家务。孩子渐渐长大点后，她又抱着孩子去外边晒太阳。当时，我住北京丰台区六里桥东里三号楼十五层，楼高风大，有一次，母亲去楼道倒垃圾，回来后风大把门关上了，孩子被锁在屋里，这可急坏了母亲。当时家里还没电话，碰巧电梯也坏了，母亲就从十五层的楼梯通道一个台阶一个台

1988年，母亲（右）、大姐许项珠（左）及
儿子许芮在北京家中

阶地下到一层，找人帮忙才打开了门。类似这样的情境还
有很多，有时母亲抱孩子从外面回来，遇到电梯故障，就
走楼梯通道，常常是累得满头大汗、气喘吁吁。尤其使我
内疚的是，母亲在北京照看孩子一年零五个月，我对她的
生活起居关心甚少。母亲不吃荤，只吃素，她每天吃得怎
么样、是否吃好，当时我没有多关心过，只知道给她多备
些鸡蛋、豆腐。现在每每想起此事，心里总是感到愧疚。

四 点滴孝心令父母久久记挂

"父母给孩子再多，总感到还有很多亏欠；孩子给父母很少，却被说成是孝心一片。"这几乎成了一个定理。

我记得，在凭工分吃饭的人民公社年代里，我们家人口最多时达到11人，上有八十岁的爷爷，下有牙牙学语的小侄子和小侄女，除大哥参加工作挣有微薄的工资外，家里的劳动力只有父母和未成年（十五六岁）的姐姐，每年都是入不敷出，生活十分困难。父母为了我们这一大家人的吃穿，为了我们几个兄弟姐妹上学，吃尽了苦头。但父母总说，"自己没能耐，孩子们跟着受罪了，也未给孩子们盖上只间片瓦，心里总有愧意"，说得我们心里很是难受。而我们有时给父母一点点好处，父母总是记在心里，挂在嘴上。

印象比较深的是，1976年的秋天，那时我在公社当秘书，每月挣得25元工资，除了吃饭，每月剩下不到几元钱。有一次父亲到公社医院看牙，我给了他5元钱，这件事我早已忘记，可几十年后，父亲仍然和别人唠叨不休。20世纪90年代中期，我从北京回老家，爱人赵启莲给父亲买了一个望远镜，他爱不释手，逢人便说孩子如何孝敬，给自己买了一个"千里眼"。

父亲生长在黄河岸畔，那里地处黄土高原的边缘，风大土多，像所有的老人一样，习惯在头上扎一个白毛巾，既能遮风擦汗，又能裹头挡灰，随着时代变迁，村里许多人都戴上了帽子。2000年，我从北京专门为老父亲买了一顶很洋气的鸭舌帽，起初还怕他老人家不适应，没想到老父亲那么喜欢，遇有重要节日总要戴在头上。后来我带他到县照相馆照了标准像。父亲去世后，挂在家里的遗像也用了这张照片。现在，我一看到父亲的这张标准像，总是眼含热泪。

对于母亲，我没有给她买过什么值钱的东西，她总不愿意让我多花钱。除了给她买些衣服外，有一件东西令我难忘。20世纪90年代初，母亲在北京帮我看孩子，我假期带她去北戴河玩，从商场里买了一枚20元的戒指，母亲白天晚上都戴在手上，一直到她去世前。我发现在她病危时，母亲把它摘下来，放在炕台上，虽然一句话没留下，但意思我明白，她在默默告诉我："我已是入土的人了，把它留给你们吧。"当时我看到这枚戒指，眼泪唰地一下就像断了线的珠子……

父母就是这样，你给他们一点点好处，或做了一点应该做的事，他们永远记在心里。而父母为我们付出那么多，可从来没有表过什么功，想过什么回报。我常常在想，父母的恩情，这辈子我是报答不完了，但我会永远留在记忆里。我要像父母那样，对待自己的子孙后代、兄弟姐妹和亲戚朋友们，要像父母那样为人处世。

五　与父母在最后的日子里

"苦日子过完了，父母却老了；好日子开始了，父母却走了。""父母健在时，我远游了；我现在有时间回家了，父母却远走了。"这两句话是一位作家写的。他写出了许多儿女想说的话，也写出了我对善良、一生苦难的父母的愧疚。

日月轮回，斗转星移，岁月蹉跎，似箭如梦。随着时间的推移，我的工作职务、生活环境都发生了很大变化，孩子也渐渐长大，家居条件也有很大改善。但是，此时的父母已经进入古稀之年。虽说父母曾来过几次北京，但现在生活条件好了，我更想让他们享受天伦之乐。

我记得父亲最后一次来京是 1999 年初冬，当时我已搬到北京最繁华、最中心的地段——西单居住，这里闹中取静，医疗、教育、商业都很发达、很现代。我多想让老人家多住一段时间，好好孝敬他。但他住不习惯，在小区里与别人交谈不便，仅住了不到一周时间，便匆匆返回。我为自己没有留住老父亲而后悔，更为自己没有腾出更多时间陪伴他而深感遗憾。

母亲最后一次来京是在 1998 年夏天。那时，我家还住在她第一次来京住过的地方——六里桥东里三号楼。虽说逢休息日时我曾多次带母亲到北京的一些名胜和游乐场玩过，但那时由于母亲年事已高，出门不便，常常在外停留的时间很短。同时，我还没有带她很好地品尝北京的一些小吃，更没有带她在任何饭店吃过一顿热乎饭，这也给我留下了深深的遗憾。特别是后来搬到了条件优越的北京西单丰汇园居住后，我多想请她老人家来住上一阵子，可惜，母亲由于身患脑血栓、高血压病，生活不能自理，已经来不了北京。我盼望着母亲早日康复，早日能到我的新家看看，早日能在新家团圆，但这成了我的终生梦幻。

2005 年，儿子许芮考上了大学。为了把这个喜讯告诉她老人家，为了尽快看到病中的母亲，我们举家专程从北京回到芮城老家，可惜母亲已在轮椅上度日，而且反应也很迟钝。当我看到白发苍苍的母亲的那一刻，我的眼睛湿润了，曾经把我养大的母亲，曾经帮我看孩子的老娘，她怎么一下子就变成了这样呢？我在深深地责怪自己，为什么就不能请她到北京的大医院好好看看呢？！

时隔不久，距我回家探望母亲刚刚过去三个月，母亲的病情急转直下。记得那是 2005 年的农历十一月初，我正在大连出差，家里传来了母亲病危的消息。二话没说，我立即请假回家。到家后，我看到母亲躺在窑里的炕上。当唤醒母亲的一刹那，我的眼泪夺眶而出。母亲已经认出了我，煞白苍老的面庞闪着泪花。那一刻，我不由自主地跪在了母亲的面前……

在母亲生命的最后日子里，每天晚上我都睡在她的身旁看护着。我多想多想让母亲睁开眼睛看看我，看看她从小疼爱的儿子已经长大成人，看看她日夜担心和祈祷的孩子已经彻底恢复健康，看看她亲手培育的家园已经呈现勃勃生机。不能忘记，在一个深更半夜，已经七天七夜滴水未进、双眼紧闭的母亲，在微弱的灯光下，突然睁开眼睛，我们母子相互对视痛哭。大约一分钟后，母亲再也没有醒过来，直到她去世。现在每当想到母亲那难受的样子，我的心里就难过极了。

母亲去世，对我打击很大，全家人都悲痛欲绝。没了母亲，我觉得天像塌了一样，六神无主。尤其令我难忘的是，在我即将返回北京的那天早晨，88 岁高龄的父亲拄着拐，从大哥家过来，当时我正走到院子的大门口，看着蹒跚而来的父亲一下子老了好多，情不自禁抱着父亲放声大哭。父亲老泪横流，哭得那么震撼，这是我平生第一次见到。不知过了多久，父亲用颤抖沙哑的声音问我："你娘刚走，你就不能多待几天吗？""你娘没了，我心里也很难过。""谁的娘老能陪着儿子呢？"父亲的一席话，使我更加伤心。那天临行前，家里兄弟姐妹为我包了馄饨送行，我根本没有心思吃饭，也没有勇气抬头，更不敢看一眼苍老伤心、拄着拐杖的老父亲，只是急匆匆地钻进车里，悄悄地抹泪……

母亲走后，听家兄说父亲常常一个人出门坐在巷道的木头上看着过往的行人，一直到太阳下山后才回家。接着父亲就隔三岔五地伤风感冒，到医院看病吃药。那时候，我在河南省建设银行工作，每逢节假日都要赶回来看看老父亲。特别是 2007 年后，父亲住进了县医院，那是他生命的最后一段时光。我给家人和县医院讲，给他找个单间病房住，这样会安静些，但他就是不肯。父亲说，"他一个人住不惯，太花钱"，硬是搬到了四五个人一间的大病房里。每次回来看望父亲的时候，我总要买些好吃的水果和点心，但他总要送给同房的病友，而他自己也吃不了、吃不动了。父亲一生就是这样，从点滴做起，助人为乐，厚道真诚，慷慨解囊。我们兄弟姐妹在他身上学到了很多做人的道理。

2008年春节，这是父亲和我们度过的最后一个春节，也是我有生以来过的心情最复杂、最难受的一个春节。大年除夕的晚上，父亲坐在炕上，不停地唠叨着第二个大孙子的婚事，也唠叨着自己的后事。我们兄弟几个都静静地听着。平生我没见父亲吃过肉、喝过酒，但那天晚上他不停要酒、抿酒。父亲脊背发痒，流着鼻涕，孝顺的孙子许芮不停地帮爷爷挠着、擦着。就这样，父亲与我们一直唠

2008年与父亲在黄河滩单独合影，这是父子
二人第一次合影，也是最后一次合影

叨到深夜，热闹的春节联欢晚会电视节目，谁也没有心思去看。这一夜也成了我和父亲最后的诀别。

2008年农历正月十九，是最令我伤心的日子，父亲没有给我相见的机会，撇下我就匆匆地离开了人世。当时我在郑州接到父亲病故的噩耗，脑袋像炸了一样。一夜没有合眼，第二天一大早急急忙忙赶回老家，我久久地跪在他老人家的遗体前放声痛哭。我多想多想让老父亲睁开眼睛看我一眼，看看这个不孝的儿子；多想多想让老父亲骂我一顿，为什么不能早点回来；多想多想让他老人家回到我们身边，让我们全家再度团圆……

后 记

本书是作者苦难奋进六十年的足迹或记录，是对不同人生发展阶段和中国改革开放、发展变化的一个侧记！全书共分十篇，每篇反映的内容都颇具特点和闪光点。在撰写此书过程中，我主要依据几十年生活和工作的"备忘录"，以及父辈、同学、同事、家人及好友的一些回忆和点评；参考了我所著《感悟：银行经营管理之道》一书（中国金融出版社出版）、《亲历建设银行三十五年大变局》（《银行家》杂志发表）；还参考了《中国建设银行史》，以充实和佐证我的主要经历的真实性、可靠性和前瞻性。在成书之前，本书部分篇章的内容曾被一些报刊及网络等刊用。在撰写过程中，黄文韬、常璐、许芮、南瑞萍、侯英杰等同志，在打字、插图方面做了许多具体工作，特别是社会科学文献出版社的前社长谢寿光同志以及恽薇、贾立平两位编辑，给予我许多很好的修改完善的建议，在此，一并表示衷心的感谢！

本书观点内容有不妥和文字疏漏之处，敬请广大读者斧正！

许会斌

2023 年 4 月 3 日于北京

图书在版编目 (CIP) 数据

甲子往事 / 许会斌著. -- 北京：社会科学文献出
版社, 2023.7 (2023.8 重印)
ISBN 978-7-5228-2000-2

Ⅰ. ①甲… Ⅱ. ①许… Ⅲ. ①许会斌－事迹 Ⅳ.
①K825.34

中国国家版本馆CIP数据核字（2023）第113049号

甲子往事

著　　者 / 许会斌

出 版 人 / 冀祥德
组稿编辑 / 恽　薇
责任编辑 / 贾立平
责任印制 / 王京美

出　　版 / 社会科学文献出版社·经济与管理分社（010）59367226
　　　　　 地址：北京市北三环中路甲29号院华龙大厦　邮编：100029
　　　　　 网址：www.ssap.com.cn
发　　行 / 社会科学文献出版社（010）59367028
印　　装 / 三河市龙林印务有限公司

规　　格 / 开　本：880mm×1230mm　1/32
　　　　　 印　张：9　插　页：0.375　字　数：160千字
版　　次 / 2023年7月第1版　2023年8月第2次印刷
书　　号 / ISBN 978-7-5228-2000-2
定　　价 / 79.00元

读者服务电话：4008918866